VIDA
DE
SANTO ANTÔNIO

VERGILIO GAMBOSO

VIDA DE SANTO ANTÔNIO

EDITORA SANTUÁRIO

Dados Internacionais de Catalogação na Publicação (CIP)
(Câmara Brasileira do Livro, SP, Brasil)

Gamboso, Vergilio
Vida de Santo Antônio / Vergilio Gamboso; tradução de Carmelo Surian. — Aparecida, SP: Editora Santuário, 1994.

ISBN 85-7200-222-7

1. Antônio, Santo, ca. 1195-1231 I. Título.

94-4512 CDD-922.22

Índices para catálogo sistemático:

1. Santos: Igreja Católica: Biografia 922.22

Título original: *Vita de S. Antonio*
© Edizioni Messagero Padova, 1979
ISBN 88-7026-!23-9
Tradução de Frei Carmelo Surian, OFM

Composição, impressão e acabamento:
EDITORA SANTUÁRIO – Rua Padre Claro Monteiro, 342
12570-000 – Aparecida-SP – Fone: (12) 3104-2000

INTRODUÇÃO

Lucílio, o satírico autor romano, costumava dizer: não desejo ser lido nem pelos incultos nem pelos cultíssimos, porque os primeiros nada entenderiam, e os outros (por causa da insidiosa "deformação profissional"), talvez entendessem mais do que o próprio autor.

Entre a cerca dos especialistas e o fosso dos indoutos, passa, honesta e modestamente, a estrada da divulgação séria. Por ela tento encaminhar-me ao escrever estas páginas, de modo tal que a biografia harmonize os valores de um ditado bem selecionado e inspirado, com a matéria histórica conscienciosamente controlada sobre as fontes, sem danificá-la.

Penso estar em boa companhia, uma vez que o mesmo intento vem expresso pelo autor do 2º livro dos Macabeus (2,24-25): "Considerando a grande quantidade de números que encerram e as dificuldades que o acúmulo de matéria acarreta para os que querem percorrer aquelas narrativas históricas, tentamos proporcionar agrado aos que desejam somente ler, comodidade aos que gostam de confiar os fatos à memória e vantagem a todos, enfim, a cujas mãos chegar este livro".

Esta sexta edição italiana é substancialmente igual à precedente. O autor soube resistir às não raras tentações de refundir, suprimir, ajuntar, contentando-se em corrigir alguns impertinentes erros de imprensa, acrescentar breves retificações, colocar cá e lá ligeiros retoques. Desta forma o escrito se apresenta à paciência dos leitores, confiando na sua generosa e comprovada benignidade.

O JOVEM FERNANDO

Quando te sorriem prosperidade mundana e prazeres, não te deixes encantar; não te apegues a eles; brandamente entram em nós, mas quando os temos dentro de nós, nos mordem como serpentes.

Santo Antônio

Filho de Lisboa

Antônio de Pádua, talvez o mais conhecido e amado entre os santos, viveu num tempo bem distante, há mais de sete séculos. Transcorreu a primeira parte de sua vida em Portugal, na época medieval, considerada "in finibus mundi" — nos confins do mundo.

Quando ele abriu os olhos à luz, Lisboa, a cidade que o viu nascer e crescer, não era a grande e magnífica metrópole de hoje, repousando sobre colinas ondulantes, banhada pelo Tejo, espelhando-se no oceano Atlântico. Nos últimos decênios de 1100 era sobretudo um centro fortificado, sentinela avançada e ameaçadora contra os árabes. A capital do reino era Coimbra, situada mais ao norte.

De fato, há mais de um século que os portugueses estavam em luta para libertar a pátria da opressão muçulmana. Palmo a palmo, a preço de dores infinitas, o território nacional fora reconquistado quase totalmente. Lisboa, a antiga *Felicitas Iulia*, fora expugnada pelo rei Afonso I, em 1147, com ajuda dos cruzados, que afluíram das regiões da França e da Germânia para a memorável empresa.

Os vencedores, com suas famílias, se implantaram na melancólica cidade do Tejo, abandonada pelos sarracenos derrotados. Foi de um desses, Martinho, cavaleiro do rei, que nasceu o nosso Santo. Podemos afirmar que se tratava de um casal respeitável, graças à documentação devida ao notário paduano Rolandino, coetâneo de Santo Antônio. Ele é o autor de uma detalhada Crônica, onde escreve que o nosso Santo teve origem "de uma família nobre e poderosa".

Ignoramos, todavia, o dia e o ano do seu nascimento. De acordo com o resultado de pesquisas conscienciosas e conjecturas bem fundamentadas, teria sido em torno do ano de 1190. Uma tardia e suspeita tradição prefere inscrever o alegre acontecimento em 1195. Mas algumas circunstâncias, que esclareceremos oportunamente, parecem-nos apontar para a data por nós escolhida. Quanto ao dia, uma vez que a história se cala, passamos a palavra à lenda, segundo a qual

Santo Antônio teria nascido no dia 15 de agosto, solenidade da Assunção de Maria aos céus. Embora arbitrária, a lenda sempre esconde um tantinho de verdade: no nosso caso, o Santo, de fato, foi um dos maiores devotos, propagadores e defensores do mistério da Assunção.

O batismo lhe foi administrado na catedral românica, que se erguia na frente de sua casa, na fonte ainda hoje conservada. Chamaram-no *Fernando,* nome de origem visigoda, difundidíssimo na península ibérica, que significa mais ou menos: "ardoroso na paz", no qual o Santo colocará plena fé todos os dias de sua vida.

Quanto aos pais, não sabemos muito mais do que o nome, e mesmo assim com certas dúvidas. Quando no quarto deles ressoaram os vagidos de Fernando, encontravam-se apenas na "primeira flor da juventude": provavelmente aquela criaturinha branca e rosa era o seu primeiro rebento. Teriam sobrevivido ao grande filho, que morreu aos quarenta anos apenas? Teria chegado à sua remota Lisboa a fama de sua sabedoria e santidade? Estas e outras tantas perguntas do mesmo teor estão destinadas a permanecer sem resposta. Baste-nos saber que além do sangue azul e das riquezas, possuíam o dom mais precioso que Deus possa conceder a um mortal: a fé em Cristo. E foi com o leite materno que Fernando sugou os primeiros elementos do Credo cristão; aprendeu a balbuciar os nomes de Jesus e Maria, entrelaçando-os com os de "papá" e "mamã".

Bem depressa o ensinamento familiar se revelou insuficiente para a inteligência viva e precoce do menino. Naquele tempo não existiam escolas estatais como em nossos dias. As únicas escolas eram as que surgiam junto aos mosteiros e igrejas catedrais e a freqüência a elas não era obrigatória. Lá ensinavam monges ou sacerdotes, de modo que, ao lado da língua latina e noções de história e ciência, administrava-se sólida instrução religiosa. O conhecimento das verdades da fé procedia harmoniosamente com o estudo das realidades humanas.

De acordo com as disposições eclesiásticas então vigentes, ao lado da catedral de Lisboa havia a escola episcopal, onde, dizem, ensinava também um cônego, tio e homônimo do pequeno Fernando. Foi lá que, à sombra dos muros pétreos e austeros da catedral, ele começou a sua vida de estudos, cercado de um despreocupado enxame de companheiros, provenientes, como ele, das mais distintas famílias da cidade. Graças à sua inteligência atenta, unida a uma memória que se tornou proverbial e a uma vontade tenaz, o pequeno escolar percorreu expeditamente os primeiros passos de uma estrada, a da cultura, que depois o conduziria a grandes alturas.

Lendas adornando

Os jovenzinhos da escola episcopal, como é natural, prestavam serviços durante as cerimônias sacras como coroinhas. Aos pés do altar, o rapaz começava a descobrir as realidades mais simples, misteriosas e grandes da vida humana: os batismos, os funerais, os esponsais, as ordenações sacerdotais... Nascer, amar, morrer. O olhar ainda límpido, a mente ainda tenra, o sentimento religioso ainda virgem, ao entrar em contato com os momentos culminantes da vida, reúnem experiências inesquecíveis, adquirindo uma sensibilidade e uma profundidade que nenhuma ação educativa, embora sagaz, jamais poderá comunicar.

Estamos na alvorada do novo século, o século XIII. Naquele momento, o horizonte político português era tranqüilo. O jovem reino estava consolidando suas estruturas internas. Num clima calmo e claro, decorreram-se anos de prosperidade. Também a vida do menino era laboriosa e serena, entre o estudo e o afeto dos genitores.

São por demais escassas as notícias sobre o menino Fernando. Tal realidade abre espaço para a lenda, que tenta minimizar, com fatos maravilhosos, as muitíssimas páginas deixadas em branco pela história. O povo não resistiu à tentação de dramatizar com episódios emocionantes a infância simples de um homem circundado por uma aura sobrenatural.

Contam que seu pai, Martinho, gostava de ir a uma fazenda que possuía nos arredores de Lisboa. Um dia, levou o filho com ele. Era verão, e as messes, tocadas pela brisa do oceano sob o sol flamejante, mais pareciam um palpitante lago de ouro. Que magnífica colheita aquele ano! Pena, porém, que insaciáveis bandos de pássaros descessem continuamente para bicar os grãos de trigo. Era necessário espantá-los para impedir grave dano à colheita. Martinho tinha de providenciar um guardião. Enquanto procurava um, encarregou o garoto de manter longe os pequenos ladrões.

O pai se foi e Fernando permaneceu correndo de cá para lá no campo. Em pouco tempo começou a se aborrecer com aquela ocupação. Não muito longe, uma capelinha rústica o convidava à oração. Mas o pai o mandara enxotar os passarinhos: não podia desobedecer. Depois de um átimo de incerteza, gritou aos pássaros, convidando-os a segui-lo para dentro de uma sala da fazenda. Aqueles, obedientes, nela entraram chilreando. Quando todos estavam dentro, Fernando fechou as janelas e as portas, e foi tranqüilamente fazer sua visita ao Senhor.

Já entardecia quando o pai, retornando, veio procurá-lo. Andou pelo campo, chamando-o cá e lá, mas não encontrou ninguém. Preocupado, dirigiu-se à capela e o descobriu, todo absorto na prece. Fernando se assustou um tanto, mas tomou o pai pelas mãos e o conduziu ao salão repleto dos vôos e dos cantos dos graciosos prisioneiros. Abriu a porta e, a um sinal seu, os pássaros, em bando, retomaram os livres caminhos do espaço.

Ainda se lê que certa manhã, depois de acolitar a Missa, Fernando ficou rezando na catedral deserta. Num dado momento, na obscuridade do coro, viu emergir lívida figura que lhe causou calafrios. Era Satanás tentando intimidar o jovem, por demais devoto.

A prece, então, morreu nos lábios de Fernando. Com muito custo ele conseguiu traçar uma cruz sobre o mármore do pavimento. Naquele instante, a luz tornou a brilhar nos seus olhos. A visão infernal desapareceu, enquanto sobre a pedra permaneceu gravado o sinal da cruz.

Mais tarde, ele mesmo admoestava: "A onda do mar que se bate contra o escolho, se arrebenta; e a tentação que se atira contra ti, se te encontras unido a Cristo, se dispersa e é vencida"[1].

O adolescente cavaleiro

Atingimos assim a zona mais umbrosa e menos explorada na vida do nosso Santo: o período da adolescência e primeira juventude, tão importante na formação do caráter e na orientação da existência de um homem. Sobre os seus primeiros anos as notícias históricas são mais do que sóbrias, mas a lenda a respeito floriu dando vida aos poucos dados seguros. Todavia, o tempo que vai dos dez aos vinte anos, mais ou menos, foi esquecido também pela lenda. O pouquíssimo que possamos dizer a respeito vem a ser fruto de conjecturas baseadas em escassas linhas de documentos, em duvidosos indícios e, mais, no conhecimento da época e do ambiente e em deduções daquilo que Fernando realizou mais tarde.

Antes de tudo, devemos sempre ter presente que um adolescente é exposto, indefeso, aos influxos da classe social na qual se desenvolve. Embebe-se nela, a não ser que

---

1. Estaria aqui a origem do exorcismo que ocorre na *bênção de Santo Antônio*, chamado também o "breve" de SA (p. 215).

depois consiga reagir, às vezes com violência, aos costumes, preconceitos e mentalidades não condizentes com suas convicções, e mesmo "reprovado" em sucessivas experiências.

Já conhecemos o clima de libertação que reinava em Portugal no século em que nasceu Fernando. Era mérito de Afonso I se boa parte do solo pátrio já estava definitivamente libertado do jugo dos árabes. O valoroso rei morreu em 1185, ou seja, alguns anos antes do nascimento do primogênito de Martinho, fiel cavaleiro do soberano. Subiu ao trono Sancho I, também ele corajoso homem de guerra. Todavia, persuadido pela situação interna, ainda insegura e complicada, resolveu dedicar-se completamente à luta pela paz. Ele soube instituir a ordem no país, garantindo-lhe a segurança, a unidade e o bem-estar.

Quando Fernando entrou na adolescência nenhuma nuvem obscura ameaçava o horizonte político português. Um motivo de inquietude provinha da classe aristocrática, acostumada às lutas, com a febre de aventuras e de guerra no sangue, o que a mantinha num estado de constante tensão e perigosa agitação. Para deter qualquer desordem, o rei teve de apoiar-se na classe média, a burguesia, que tinha tudo a ganhar num clima de paz.

Terminado o período escolar, não parece inverossímil que Fernando, primogênito e portanto herdeiro de um nome ilustre, tenha sido encaminhado pelo pai ao aprendizado do rude mister das armas, juntamente com outros coetâneos. Desenvolver a agilidade do corpo, a coragem e a afoiteza, numa palavra, fazer de um jovem um cavaleiro e um chefe de soldados: eis no que consistia aquela espécie de "academia" militar. Lá ensinavam a esgrima, a equitação, o códice de honra e de cortesia; resumindo, todos os elementos tradicionais que concorriam à formação de um completo cavaleiro.

Primeiras batalhas

Neste entretempo Fernando tornara-se um belo rapaz de vinte anos. A companhia dos coetâneos, o contato com as famílias lisboenses, o adestramento cotidiano, haviam-lhe robustecido o caráter e o físico. A vida se lhe abria cada dia mais sedutora e nova.

Mas, naquele mundo, por mais brilhante e pródigo de promessas, ele encontrava um tal qual vazio, um não sei o que de inútil. Com sua imaginação aventura-se nos perigos das batalhas... Mas, na realidade, cabia-lhe estar ali, numa inerte expectativa, sem compromissos com a realidade. Enquanto os amigos se estagnavam beatamente no ócio e nos amores, aquele ambiente se tornava sempre mais sufocante para Fernando. Sentia empanar-se o olhar puro da infância, sempre mais longe. O seu coração fremia de ímpetos desconhecidos e turvos, freados a duras penas pelos princípios morais que lhe haviam sido instilados em tenra idade e com ele haviam crescido fortes como ele era forte.

Quando, mais tarde, Fernando descreveria e flagelaria fogosamente os vícios que contaminavam a sociedade — o orgulho encabeçando, a cobiça de riquezas, a luxúria — não faria nada mais do que revocar experiências conhecidas pessoalmente. O mundo lhe revelara, certo, os seus aspectos positivos, apresentando-lhe a vida como um tecido de generosas conquistas, de dedicação ao ideal cavalheiresco, de amor sem mácula; mas, depois, não soubera esconder-lhe o outro lado da medalha: e então toda aquela trama de nobreza e beleza lhe parecia profundamente desgastada.

Ele escreveria ainda: "Se não se resiste ao mal da luxúria, acaba acontecendo que também as coisas que pareciam boas, perecem". E, mais: "Onde há abundância de riquezas e delícias, ali aninha-se a lepra da luxúria... Essa costuma habitar naqueles que são tépidos e ociosos...: mas o coração, antes de despenhar-se na luxúria, se ergue em soberba, que é o início de todo pecado". "A luxúria é semelhante à boca do abismo, que jamais diz basta, cega à luz da graça e insaciável."

Escutemos agora as palavras do ignoto cronista, que logo depois da morte do Santo, lhe escreveu a primeira e mais autorizada biografia: "Visto que, atingindo a idade de casar-se (20-25 anos), cresciam-lhe sempre mais os estímulos da corrupção; sentindo-se perversamente atormentado além das medidas, não afrouxou os freios à juventude e ao prazer; mas, superando a fragilidade humana, segurou as rédeas à perseguidora concupiscência da carne. A sociedade já lhe oferecia cotidiana ocasião de experimentar as folias. Mas, aquele pé que ele não havia ainda colocado totalmente sobre os átrios do mundo, ele os retraiu de medo de sujá-los na lama das satisfações mundanas...".

É um texto denso e reticente. A fonte é uma biografia que provém da segunda metade do século XIII, traduzida em 1570 por Lourenço Súrio para o latim humanístico. Ele conta que uma criadinha descarada ousou colocar à prova a virtude de Fernando. Mas foi afastada duramente por ele. O lírio perfumado e cândido que admiramos nas mãos de Santo Antônio não simboliza uma exceção privilegiada de uma pureza inata e jamais colocada à prova, mas é prêmio de uma guerrilha extenuante que durou anos. Um átimo somente de vileza e o teria desfigurado para sempre.

Os projetos dos pais, o desejo de afirmar-se, os sonhos juvenis lhe tornavam o mundo atraente; mas a corrupção, a frivolidade, a insatisfação o tornavam molesto. Não poderia permanecer assim. Devia decidir: ou assumir ou abandonar. A limpidez do seu coração e a ânsia de sua alma angustiada permitiram à voz divina ecoar no mais profundo do seu espírito.

Sabia afastar-se. Não tinha medo de refletir sobre as realidades supremas. Não se deixava aturdir pelos rumores das alegres brigadas. Ele tinha ouvido um chamado suave e misterioso. Desde pequenino aprendera a reconhecer aquela voz irresistível... Mas agora, o que exigia dele esta voz?

UMA VOCAÇÃO PROVADA

Uma água turva e agitada não espelha a face de quem sobre ela se debruça. Se queres que a face de Cristo, que te protege, se espelhe em ti, sai do tumulto das coisas exteriores, seja tranqüila a tua alma.

Santo Antônio

O adeus à família

A abadia de São Vicente, na periferia de Lisboa, erguia-se sobre uma elevação, dominando a cidade e o oceano. Fora munificentemente fundada por Afonso I e sua consorte Mafalda de Savoia. Radicalmente refeitos depois do pavoroso terremoto e maremoto de 1755, que mudou da cabeça aos pés o aspecto da cidade, a igreja e o mosteiro subsistem ainda hoje.

O Mosteiro era habitado pelos cônegos de Santo Agostinho. Não devemos confundir estes religiosos com os venerandos cônegos das nossas catedrais. Eles vivem em comunidade, seguindo os ditames do arejado *Cânon* (ou seja Regra) pautado na espiritualidade de Santo Agostinho. Esta Regra era substancialmente diferente de uma outra, muito difundida na Idade Média, em toda a Europa: a Regra de São Bento, obra prima de equilíbrio romano e realismo latino. Enquanto os beneditinos eram monges, cujo escopo era a santificação pessoal mediante o trabalho e a oração, os agostinianos, por sua vez, eram sacerdotes, que cultivavam sim o estudo e o reconhecimento do claustro, mas com o fim de ajudar diretamente as almas. De cada priorado ou abadia agostiniana dependia a cura das almas de certas paróquias. Os cônegos regulares eram essencialmente sacerdotes preparados para as várias formas de apostolado. Vemos assim que Fernando, o grande evangelizador do povo, desde a juventude foi orientado para o serviço das almas.

São Vicente deve ter sido familiar a Fernando desde a meninice, quando a mãe o conduzia a visitar a bela igreja e o claustro anexo. Na sua juventude, talvez tenha lá buscado refúgio nos momentos mais tormentosos da sua batalha espiritual. Algum bom cônego terá tentado aplacar aqueles conflitos com apropriados conselhos. Lá em cima, o ar que respirava lhe parecia mais puro; sentia-se embebido de serenidade naquele oásis de preces e de silêncio, que o atraía fortemente.

Provavelmente a guia de um religioso iluminado e culto o terá ajudado a encontrar conforto nos conflitos. Posteriormente, quando as circunstâncias o exigiam, o teria aconselhado a buscar a paz entre os muros do convento. Fernando, de caráter impulsivo e generoso, logo se decidiu.

Como terão reagido o pai e a mãe quando ele lhes revelou a decisão de vestir o hábito branco dos agostinianos? Quem o saberá? Teriam feito oposição? Sua fé cristã seria bastante madura para compreender e aprovar tão desconcertante decisão? Uma só coisa sabemos: daquele dia em diante eles desaparecem da vida do grande filho. A história não os leva mais em conta, nem mesmo se digna nomeá-los...

Mas não teriam sido eles mesmos a educar Fernando desta maneira? A fazer dele um cavaleiro sem mancha e sem medo, sempre alerta, pronto a acolher a voz de Deus e segui-la, superando qualquer obstáculo? Eles olharam com lágrimas nos olhos aquele seu moço de vinte anos, para o qual haviam feito mil projetos e não puderam impedi-lo de realizar a sua vocação.

Nos inícios do ano de 1210 a porta da solene abadia se fechava atrás das costas do nobre Fernando. Tinha vencido uma dura batalha. Mas, encontrado o seu caminho, estava resolvido a percorrê-lo com passo firme, a fundo, por mais dificuldades que encontrasse. Aristocrático e rico, não escolhera uma vida de comodidade e malandragem. E bem que o sabia. É o que nos faz compreender uma significativa página dos seus sermões que tentamos traduzir o melhor possível:

"Aquele que se inscreve numa ordem religiosa para lá fazer penitência, é semelhante às piedosas mulheres que, na manhã de Páscoa, se dirigiram ao sepulcro de Cristo. Considerando o tamanho imenso da pedra que lhe fechava a entrada, diziam: — Quem nos rolará a pedra na abertura do sepulcro? — Grande é a pedra, ou seja, a aspereza da vida de convento: o ingresso difícil, as longas vigílias, a freqüência dos jejuns, a parcimônia dos alimentos, a rusticidade das vestes, a dura disciplina, a pobreza voluntária, a pronta obediência... Quem nos rolará esta pedra na entrada do sepulcro? Ó almas de mulherzinhas, avizinhai-vos e observai, e vereis que a pedra foi removida. — Um Anjo do céu, prossegue o evangelista, rolou a pedra e sentou-se em cima dela. — Anjo é a graça do Espírito Santo, que robustece a fragilidade, amolece toda aspereza, torna doce toda amargura, com o seu amor..."

Portanto, Deus o havia chamado e àquele convite se entregava totalmente a si mesmo com entusiasmo juvenil. Fernando viveu em São Vicente cerca de dois anos. Foram anos que lhe exigiram sério empenho, mas externamente tecidos de dias em tudo iguais: nenhum acontecimento que desse na vista, que chamasse a atenção dos homens.

Fora acolhido pelo prior dom Gonçalo e pelos claustrais com visível complacência, lisonjeados pelo fato de um membro da nobreza ter escolhido aquela abadia. Caminhava solitário nos claustros, de onde só o céu é visível — mas tão alto e incumbente. Todavia, é deste silêncio que afloram a profundidade da alma e a presença de Deus, no eco de uma paz desconhecida aos mundanos.

Os campanários de Lisboa o saudavam toda manhã e toda tarde e aos seus repiques percebia que alguma coisa agitava o seu coração. Estudasse ou rezasse, era como que um debruçar-se rápido sobre os anos passados na cidade, entre amigos que abandonara, num mundo sedutor.

Foi então constrangido a tomar uma outra decisão radical: devia fugir de São Vicente. Aquele mundo que ele acreditara ter deixado fora da porta, insidiosamente penetrava também nos recessos do claustro... Depois de meses de serenidade, a alma de Fernando era de novo assaltada por imagens perturbadoras do passado. Que teria acontecido?

A abadia escolhida tinha um grande inconveniente: era muito próxima a Lisboa, por demais acessível aos familiares e conhecidos. Os seus afoitos amigos, depois de vê-lo fechar-se num convento com desagradável surpresa, amargurados com aquele golpe de audácia e desejosos de tê-lo de novo entre eles, procuraram desviá-lo astutamente, com visitas contínuas e inoportunas. O antigo biógrafo fala de *amigos*. Certamente não seriam impertinentes rapagotes dos seus quinze anos, para os quais seria fácil bater a porta na cara. Eram, sim, jovens de elevada condição social, dos quais não era fácil desembaraçar-se bruscamente. Fernando não tinha como subtrair-se àqueles encontros, mesmo porque os cônegos se empenhavam em conservar para a abadia o caráter de centro de atração para os espíritos mais aprimorados e os personagens notáveis de Lisboa.

Para Fernando, estas visitas, em pouco tempo, se tornaram insuportáveis, um verdadeiro tormento. Estivera para mergulhar de cabeça naquela sociedade corrompida e corruptora, mas agora a detestava. As paixões, porém, se lhe despertavam com inesperada violência. Era necessário fugir de novo, fugir para longe, romper definitivamente com aquele ambiente sem consideração e descarado.

Ele insistiu com o prior Gonçalo, solicitando transferência para uma outra casa do mesmo instituto agostiniano, a mais distante possível. Empenho nada fácil, mas Fernando o conseguiu. E foi enviado a Coimbra, então a capital de Portugal, a 175 quilômetros de Lisboa: uma bela distância que, numa época de comunicações lentíssimas, o tornaria praticamente inacessível às tristes ciladas dos companheiros de juventude.

Escondidamente desceu de São Vicente e, contornando a cidade ainda adormecida, talvez sem saudar a ninguém, por medida de prudência, no claro silêncio matinal, tomou o caminho da nova meta de sua existência. Chilreavam os passarinhos, como cantava a sua alma sem o mínimo de saudade por aquilo que deixava para sempre.

Sacerdote de Cristo

Depois de uns dias de viagem, o jovem agostiniano chegou a Coimbra, talvez nos primeiros meses de 1212. Ao ingressar na abadia de Santa Cruz, certamente ficou surpreso perante a majestosa amplidão da basílica, onde eram guardadas as tumbas dos reis portugueses. Também esta fundação vinha ligada ao nome glorioso de Afonso I e da rainha Mafalda. A antiga construção românica foi refeita em 1507. Lá residiam uns sessenta religiosos, que se dedicavam ao apostolado nas paróquias confiadas aos seus cuidados.

Todavia, Santa Cruz era também um centro cultural, o mais importante do reino, núcleo da futura universidade de Coimbra. Havia lá uma rica biblioteca que, graças às dádivas reais, podia competir com qualquer uma das renomadas abadias agostinianas da França, com as quais, de resto, vivia em contínuo contacto, desde os anos de sua fundação (1134). O primeiro prior, São Teotônio, fora amigo de São Bernardo de Claraval. Gozando de uma espécie de "bolsa de estudos", os alunos mais dotados eram mandados à França para ouvir as lições dos melhores teólogos do tempo. Entre as obras reunidas na biblioteca, tinham o primeiro lugar, como é natural, aquelas do grande Agostinho; ao lado dele, havia códices com os escritos de São Jerônimo, Santo Ambrósio, São Beda, São Gregório, Santo Isidoro de Sevilha etc. Não faltariam obras profanas necessárias para o curso regular de estudos, que, na Idade Média, permanecia fielmente pautado sobre os programas escolares do Império romano. Livros de história, de poesia, de ciência, que o nosso Santo teve de folhear, pelo menos para dominar melhor a língua latina (e o latim de Santo Antônio é saboroso, lexicamente rico e respeitoso para com as regras tradicionais da retórica).

Ele morou naquela abadia cerca de oito anos. Lá, graças à intensa aplicação à oração, ao estudo e ao apostolado, o eco daquela inquietação do passado foi-se extinguindo. Foram anos cobertos de silêncio, aparentemente, insignificantes, mas de intensa fecundidade para o seu espírito.

Fernando se mergulhou nos estudos com o ardor que costumava colocar em tudo o que fazia. Mediante os escritos que nos deixou, podemos individuar claramente os atores de sua predileção, além da Bíblia, o livro dos livros, entenda-se. Uma cultura não se justifica a si mesma, a modo dos diletantes, nem mesmo de "puro" estudo, que se contenta com a mera especulação. Ele conquistava o domínio da Palavra de Deus e da sabedoria dos doutores da Igreja, para poder depois transmiti-la do púlpito, do confessionário, ao povo. O estudo, para ele, não era mais do que um meio, árduo e insubstituível, dirigido para a ação pastoral.

Realmente, Fernando se preparava para o sacerdócio. Teria sido ordenado exatamente em Santa Cruz? Com suficiente tranqüilidade podemos afirmar que sim. A propósito, a já nomeada Vita Prima (escrita em torno de 1232), referindo-se a um acontecimento que daqui a pouco narraremos, ou seja, a pregação de Forli, usa uma expressão muito obscura, que acabou dando muitos aborrecimentos aos eruditos. Mas o manuscrito da Vita Prima do século XIII, conservado na biblioteca antoniana de Pádua, traz interessante precisão: atesta que o Santo, ao ingressar na Ordem franciscana, já era sacerdote. Ora, esta retificação combina com a tradição autorizadíssima do Convento de Pádua, fundado pelo próprio Santo Antônio e onde morou até 1285 o Beato Lucas, amigo do Santo e provável inspirador (se não autor) da Vita Prima.

Uma vez sacerdote, a sua maturidade espiritual e intelectual estava para produzir os primeiros frutos. Fernando tinha tudo para tornar-se uma das figuras dominantes da sua Ordem e da sua nação, não fosse a ocorrência de fatos desagradáveis, que o impeliram a tomar um caminho novo.

O diabo no convento

Sabemos que a abadia de Santa Cruz fora fundada e abundantemente dotada pelos reis portugueses. Tivemos ocasião de recordar ainda o nome do primeiro prior, São Teotônio, que por vinte anos governou aquela comunidade religiosa, imprimindo-lhe traços indeléveis. Vimos ainda que Fernando de maneira alguma queria ser um religioso pela metade e que a palavra acordo não existia no seu vocabulário, nem mesmo as palavras mediocridade, velhacaria, medo, insinceridade.

Enquanto estava no trono um fidalgo e um cristão como Afonso I (+ 1185), em Santa Cruz as coisas decorriam prosperamente. Mas, quando o cetro passou às mãos do filho, Sancho I (+ 1211) e, pior ainda, ao filho deste, Afonso II (+ 1223), cristãos apenas de nome, a invasão do mundo na abadia se tornou mais e mais forte e desoladora. Com a desculpa de que a instituição devia a sua vida e o seu esplendor à munificência real, a corte ousou ingerir-se no regime interno dos cônegos, fazendo lá o que bem entedia, entregues aos ditames do comodismo e do mero capricho. O prior, criatura do rei, deveria dar sempre a precedência aos desejos da corte, mesmo passando por cima da própria consciência, bem como das legítimas autoridades eclesiásticas.

Foi assim que o prior João, seguindo a desastrosa política eclesiástica de Afonso II, acabou incorrendo repetidamente na excomunhão. Eram mais de uma as acusações que o tinham levado a sofrer tão grave pena. Em conluio com o rei, João havia dilapidado os bens da abadia; sua vida desregrada era fonte de escândalos; deixara cair a um nível de alarmante relaxamento a disciplina dos seus religiosos. A excomunhão de modo algum o perturbou e ele continuou a ocupar a sede de prior e a celebrar, desafiando o Papa e o bispo, as funções sacras, incorrendo assim em outras censuras... Ele havia vendido a sua consciência ao rei, trocando-a com o ambicionado cargo de prior.

A comunidade cindiu-se em duas: de uma parte os seguidores do superior deposto e excomungado e, de outra parte, os fiéis à autoridade legítima do Pontífice e do bispo de Coimbra. Estes últimos tinham à frente o mestre João, professor de Fernando, homem de comprovada virtude e grande prestígio cultural. O marasmo prolongou-se por anos, cada vez mais perturbador, com grande escândalo para os fiéis, como é fácil imaginar.

Consideramos agora quanto não sofreu o nosso Santo perante o dissoluto prior, vendo a mundanização do convento, frente às rixas de cada dia e aos abusos de toda sorte. Os cúmplices do prior ainda terão acrescido outras gotas ao seu cálice deveras amargo. Ademais, não obstante a intrépida resistência do mestre João e dos melhores cônegos, não era possível prever nem como nem quando a situação se esclarecesse e a paz retornasse entre os muros de Santa Cruz. Como buscar a santidade num ar que se tornara irrespirável?

Esta angustiante experiência deixou sinais de fogo nos sermões do Santo: "O superior é chamado de *casa do pai*, porque sob a tutela dele, o súdito, como filho na intimidade da casa paterna, deve encontrar abrigo da chuva da concupiscência carnal, da tempestade da perseguição diabólica, das ardências do desejo de prosperidade mundana". Palavras que certamente não são o retrato do descarado prior João! Escutemos como ele descreve certos religiosos do seu tempo que se desviaram do ideal cristão: "Os gafanhotos, que saltam tão alto, significam os religiosos, que apoiados na pobreza e na obediência, devem saltar às alturas da vida eterna. Mas, infelizmente, do alto, tornam a saltar para baixo. Hoje em dia, não há feiras, não se reúnem tribunais civis ou eclesiásticos, em que não se encontrem presentes monges e religiosos. Compram e vendem, edificam e destroem, transformam enfim os quadrados em círculos. No decorrer do processo, provocam as partes, litigam diante dos juízes, exibem advogados e leguleios, levam testemunhas prontas a jurar por coisas transitórias, frívolas e vãs. Dizei-me, ó religiosos fátuos, se nos profetas ou no evangelho de Cristo ou nas epístolas de Paulo, se na regra de São Bento ou de Santo Agostinho porventura encontrastes estes litígios ou logros e tamanha grita e protestos por coisas transitórias. Bem ao contrário. O Senhor disse aos apóstolos, aos monges, a todos os religiosos que escolheram o caminho da perfeição, e não a título de conselho mas de mandamento: — Amai os vossos inimigos, fazei o bem a quem vos odeia, bendizei aqueles que vos maldizem, rogai por quem vos calunia... — Esta é a regra de Jesus Cristo, que deve ser anteposta a qualquer outra instituição, tradição e invenção!"

Tão ásperas provas não golpearam em vão o ânimo de Fernando. Educaram-no, sim, a buscar em si mesmo, não nos outros, o estímulo de adesão aos próprios deveres; amadureceram nele uma concepção austera, heróica, da vida religiosa. E o impeliram a mergulhar-se na oração e no trabalho intelectual, para fugir de situação tão penosa.

Discípulo de São Francisco

Em breve lhe seria aberta uma saída: foi o encontro providencial com os franciscanos. E foi assim, mais ou menos: no ano de 1219, em Assis, o próprio São Francisco preparou uma expedição missionária dirigida aos muçulmanos da África. Teria à frente Frei Vital e os seguintes membros: Bernardo, Pedro e Otão, sacerdotes; Adjuto e Acúrsio, irmãos não-sacerdotes. Vital adoeceu durante a viagem e ficou no caminho. Os demais, em número de cinco, prosseguiram, sob os cuidados de Bernardo.

Não é de todo improvável que tenham feito uma parada em Coimbra, para tentar conseguir o salvo-conduto da corte Real. De fato, a rainha Urraca simpatizava-se com os filhos do Poverello e até mesmo havia fundado para eles o eremitério de Olivais, a breve distância da cidade. Seja como for, muito em breve Fernando veio a conhecer a existência e as características do movimento franciscano, mesmo porque os fradezinhos (de origem italiana, naturalmente) vinham freqüentemente à abadia em busca de esmolas. Segundo uma tradição recolhida do breviário agostiniano, Fernando era quem tinha as melhores condições de entreter-se com aqueles frades, paupérrimos e ardentes de seráfico fervor. Foi-lhe confiado o encargo de hospedar os viajantes. A impressão que experimentou foi profunda e luminosa.

Passaram-se uns poucos meses. Aquele fortuito encontro com os franciscanos inquietou o coração do jovem cônego. Os claustros severos, a silenciosa biblioteca, a igreja tão solene, os amados confrades, tudo aquilo que há oito anos já era a sua vida, começou a tornar-se insuficiente, estranho para ele. Com dolorosa maravilha, ele vinha se interrogando se aquela era de fato a sua verdadeira estrada; havia, sim, grandes desordens, mas, será que mais cedo ou mais tarde não seriam sanadas? Havia livros, homens de vasto saber, podia estabelecer contatos com a corte, tornar-se um douto de grande porte, quem sabe até um bispo... Todavia, depois de ter visto ao vivo o que é o cristianismo, Fernando passou a sentir um tédio, um peso espiritual jamais provado.

Mas ele considerava também: será que tudo aquilo não seria uma cilada que o demônio lhe tecia? Um estulto sonho para ele se desembaraçar de deveres bem concretos, uma tentativa enganosa de projetar num quimérico "alhures" aquela capacidade de sacrifício e de renascimento que desfrutava no ambiente onde a Providência o havia colocado?

Na sua alma rugia a tempestade. Por um momento o céu se lhe pareceu obscuro e distante e a vida um emaranhado de forças que não mais lhe obedecia.

Nos primeiros dias de fevereiro de 1220 chegou a notícia: no Marrocos, fanática multidão havia supliciado os cinco missionários franciscanos. A notícia comoveu Portugal inteira. O príncipe Pedro, irmão do rei, conseguiu que os árabes lhe entregassem os restos mortais dos mártires e se dispôs a transportá-los em triunfo na igreja real de Santa Cruz.

Quem mais sofreu com tudo isto foi Fernando. Ele os havia conhecido pessoalmente, um a um, poucos meses antes.

Quando se ajoelhou sobre a sepultura deles, sentiu que nada mais impediria a sua resolução: também ele partiria para a terra dos muçulmanos e lá morreria mártir. Talvez pretendesse imolar-se para reparar as culpas do seu prior transviado e quem sabe obter de Deus dias melhores para os tribulados confrades de Santa Cruz.

Compreendeu logo que o caminho mais seguro para realizar o seu sonho era fazer-se franciscano. Foi assim que um dia, estando os frades de Olivais em Santa Cruz, como de costume, Fernando os tomou à parte e abriu-lhes o coração: — Meus irmãos, desejo ardentemente revestir-me com o vosso hábito, mas com a seguinte condição: que logo depois de passar para vós, me prometais enviar-me à terra dos sarracenos, para que também eu possa merecer a palma do martírio.

A Vita Prima prossegue: "Os frades, repletos de não pequena felicidade em vista das palavras de um homem tão notável, com medo dos perigos de indução, resolveram voltar no dia seguinte...". Poderíamos porventura nos maravilhar vendo humildes religiosos se entusiasmarem em vista daquela inesperada vocação, e orgulhosos de haver atraído para as suas fileiras um personagem cuja ciência e virtude conheciam? Mas, como poderiam receber sem mais um candidato, se tal faculdade era reservada somente ao superior provincial? É bem possível que o provincial, Frei João Parente, se encontrasse em Coimbra naqueles dias, para as cerimônias da transladação das relíquias dos seus cinco frades martirizados. Caso não estivesse presente, não haveria possibilidade de consultá-lo e obter-lhe a permissão num dia apenas.

Depois da conversa com os franciscanos, restava a Fernando o passo mais difícil: obter o necessário beneplácito do seu prior. Este, por sua vez, embora nada tivesse de santo, no seu coração muito estimava e gostava de Fernando, e não queria perder sem mais um dos melhores elementos da comunidade. Somente suplicando o Santo conseguiu arrancar o consenso do seu prelado. De repente a notícia serpenteou de cela em cela, amargurando a todos.

Na manhã seguinte, cedo, os frades desceram de Olivais. A cerimônia que sancionava a passagem de Fernando para a família franciscana foi bem simples. Na presença daqueles que durante anos haviam sido seus companheiros de vida, ainda perplexos diante de tão súbita mudança, ele depôs a branca veste dos agostinianos e vestiu uma rude túnica de cor cinza, cingindo a cintura com cordão.

Para que o sinal de rompimento fosse ainda mais evidente, ele mudou também o nome, uma exceção bastante rara aos costumes daquele tempo. Deixou aquele que recebera na fonte batismal e quis chamar-se Frei Antônio.

Todavia, permaneceu sempre ligado a seus antigos confrades mediante liames de gratidão e amizade. Devia a eles a sua vasta cultura. Eles é que o haviam acompanhado passo a passo até o sacerdócio. Na igreja deles repousavam as relíquias dos mártires franciscanos. Não sem razão, Frei Juliano de Spira, autor do ofício divino de Santo Antônio, do século XIII, diz que, no céu, dois pais se alegravam por causa do querido filho Antônio: Agostinho e Francisco, o grande doutor e o humilde Poverello.

DO MARROCOS PARA A ITÁLIA

A paciência é o baluarte da alma, ela a fortifica e defende de toda perturbação.

Santo Antônio

Em busca do martírio

Coube a frei Antônio tomar a iniciativa, já revestido da nova veste franciscana. Criou-se em torno dele um embaraçoso silêncio. Chegara o momento da despedida. Um cônego, que julgava irrefletida aquela decisão e precipitada a partida, saudou Antônio com amarga expressão, dizendo:

— Pode ir, sim, que te tornarás um santo!

— No dia em que souberes que me tornei um santo, darás glória a Deus — respondeu mansamente o Santo.

Como aquele bom agostiniano, também nós somos tentados a acusar frei Antônio de inconstante. Depois de vê-lo mudar de Mosteiro, agora o vemos passar sem mais para uma Ordem nova. O futuro nos mostrará que estas vicissitudes e crises, inspiradas na ânsia de melhor servir o Senhor, eram guiadas pela Providência.

Uns poucos meses no silêncio dos Olivais foram suficientes para o novo recruta adestrar-se no conhecimento e na prática da Regra franciscana. Na época ainda não era obrigatório um ano inteiro de noviciado como condição obrigatória para emitir os votos de pobreza, obediência e castidade. O documento pontifício que o impunha foi publicado aos 22 de setembro daquele mesmo ano, exatamente quando frei Antônio se preparava para partir como missionário.

Passou a primavera, passou o verão. Ao chegar o outono de 1220, ele fez sua profissão e deu o último adeus à pátria, que jamais haveria de rever, e zarpou na direção das costas ardentes do Marrocos.

O navio, provavelmente um cargueiro, cujo capitão terá dado de graça as passagens para Antônio e seu companheiro, velejava para o sul, sulcando os raivosos vagalhões do Atlântico. Enfim, tocaram o litoral africano. Uma vez em terra, os dois buscaram um abrigo provisório junto a uma casa de cristãos. Parecia a alvorada do grande dia.

Todavia, quando tudo os levava a crer estarem próximos de realizar o seu desejo, Antônio caiu doente. Tremenda febre o escaldava. Não obstante os cuidados afetuosos do companheiro, que cronistas tardios identificam com o Beato Felipe de Castilha, e as solicitudes dos hospedeiros, o mal sequer dava sinal de aplacar-se. Talvez fosse uma febre malárica que por demais extenuou o seu organismo. Dela jamais ele se livrou completamente, mesmo por causa do excesso de trabalho que assumiu nos anos sucessivos e as ásperas penitências.

Um depois do outro, transcorreram dias, semanas. E o novo ano já começava, e frei Antônio continuava sempre lá, pálido, esgotado, no seu pobre leito. Enquanto o corpo ia sendo cada vez mais quebrantado pela doença, uma febre mais ardente do que a da malária como que o destrói interiormente. Um senso de profundo desencorajamento o invade, quando começa a entender que o mal não o deixaria e que, querendo ou não, cabia-lhe retornar à pátria, sem ter conseguido dizer ao menos uma palavra aos sarracenos. Ele tinha oferecido sua vida e percebe que Deus não aceita o seu dom.

Antônio é, porém, um homem que sabe pensar e rezar. Lentamente ele vence a tormenta da dúvida. Descobre que havia sido generoso, certo, mas também precipitado. Tentara forçar a vontade de Deus; seguira com excessiva auto-confiança o seu natural desejo de luta e de martírio. Na realidade, saíra dos agostinianos e vestira o hábito dos franciscanos para seguir o impulso, nobre, sim, mas puramente humano, que lhe vinha do coração.

A tal reflexão, seguiu-se nele a aceitação humilde da vontade de Deus. Foi necessária esta abrasadora desilusão para amadurecer-lhe o primeiro passo na estrada da autêntica santidade: agora ele sabe com clareza absoluta que a única coisa que realmente conta e é digna dele é deixar a iniciativa a Deus, é buscar e cumprir a vontade divina com alegre e confiante simplicidade. Ele renuncia a qualquer outro projeto, por magnânimo que fosse, em favor de um ideal maior: o abandono nas mãos de Deus.

Depois desta vitória sobre si mesmo, fez-se para ele uma grande luz e uma paz profunda o inundou: a paz de quem se fez confiante como uma criança, sabendo-se guiado passo a passo por uma Providência materna. Quando se sofre rezando e refletindo, se descobre quão mesquinhos, inúteis e embaraçosos somos nós e as nossas coisas.

Entrementes, a saúde vai de mal a pior. O clima da África lhe é mortal. E a primavera já despertava. O homem propõe, mas, como sempre e sobretudo, somente Deus é que dispõe.

Antônio consulta frei Filipinho: a vontade de Deus é clara. Eles estão fora da rota. Não lhes resta outra coisa a não ser retornar pacientemente a Coimbra.

O que viera fazer Antônio no Marrocos?

Cair sob a cimitarra dos muçulmanos como mártir. E de fato se tornara mártir, não de forma física, mas na realidade do espírito. Um martírio, de certo, menos estrepitoso, mas não menos angustiante e bem mais lento do que aquele que pudera sofrer na carne. Mártir pelo desejo, mas, sobretudo, mártir de coração. Imolando seu desejo, sua vontade, seu ideal, morreu Antônio. Doravante, não será ele a dispor de sua vida, não levará em consideração as repugnâncias ou atrações. Considerará exclusivamente o aceno divino.

Partindo para a África, ele era frei Antônio; de lá retornando era já Santo Antônio.

O naufrágio

O veleiro navegava num mar calmo como o óleo e, no horizonte, já se divisavam as costas espanholas. Súbito, o céu começou a anuviar-se e o mar a rugir ameaçador. Pouco depois, explodiu uma tempestade furiosa.

Era impossível lutar contra aquele turbinar de ondas e ventos. Era temerário esperar sair incólumes daquela situação. Sem controle e sem meta, sempre no risco de serem engolidos pelo abismo, marinheiros e passageiros transcorreram horas intermináveis na nave embriagada de tempestade.

Depois de um longo, endoidecido balançar sobre ondas espumantes, o furacão se aplacou. Miraculosamente salva, embora moída e desfigurada, a embarcação conseguiu tocar em terra. Recolhidos pela boa gente do local, os náufragos foram devidamente socorridos.

Mas não tardaram a perceber, surpresos e desapontados, que estavam, já não na terra deles, mas na longínqua Sicília. Antônio e Filipinho foram conduzidos para junto de seus confrades de um pequeno convento não longe de Messina. Lá puderam repousar e recuperar-se. E Antônio, por sua vez, recuperou pouco a pouco a saúde.

Logo foram informados pelos frades que no dia 23 de maio, por ocasião da festa de Pentecostes, Francisco queria reunir todos os seus frades, para discutir com eles os urgentes problemas provocados pelo rapidíssimo crescimento da Ordem e para inflamá-los a viver dignamente o ideal do Santo Evangelho.

Àquele convite, que se dirigia também a eles, os dois estrangeiros exultaram: poder ver, escutar Francisco, o pobrezinho, de quem todo mundo falava como de um prodígio vivo!

Não sabemos porque, mas Antônio ou terá pensado bem ou foi aconselhado a não tornar à pátria no momento. Via na procela que o havia desviado da Espanha para a Sicília o sinal de que a Providência o queria longe de sua terra. Entretanto, o Santo deixou qualquer decisão aos superiores, que certamente encontraria em Assis, no iminente capítulo geral.

A primavera já estava avançada quando ele se colocou a caminho. Mais de seiscentos quilômetros o separavam do lugar do convento. A península se apresentava em pleno fulgor da primavera, e ele a percorreu a pé, parando de convento em convento, desconhecido e cada vez mais maravilhado. Pelas estradas poeirentas da Campanha e do Lácio encontrou outros grupos de franciscanos que, como ele, se dirigiam ao capítulo. Teria feito um estágio em Roma, para venerar as tumbas dos Apóstolos? Parece-nos de todo provável, para um cristão cheio de fé como Antônio.

Ei-lo, afinal, em Assis, na verde Úmbria, ao lado da capelinha da Porciúncula, a capital espiritual dos primeiros franciscanos. Ela se apresentava toda cercada de um estranho acampamento de fradezinhos, cavaleiros de Jesus, manso e humilde, que haviam construído uma imensa multidão de cabanas com canas e esteiras. O místico vale ressoava de cantos e preces e de fraterna festividade. Eram todos um só coração e uma só alma, como os primeiros cristãos.

Presidia a reunião o cardeal Raniero Capocci, substituindo o cardeal Hugolino de Segni, ausente por causa de uma ligação papal. O belicoso frei Elias tinha o encargo de dirigir as reuniões, comunicando, com sua voz tonitruante, os desejos e as sugestões do Poverello.

Um quadro bem vivo deste capítulo, tão importante para a organização da Ordem minorítica, deixou-nos frei Jordão de Giano, testemunha ocular e brilhante, quanto sensível cronista.

Quem gosta do bom sabor das páginas antigas, leia suas coloridas recordações: "De acordo com o costume da Ordem, intervieram naquele capítulo tanto os frades professos quanto os noviços, num total de mais ou menos uns três mil. Por ordem do senhor cardeal Raniero, um bispo celebrou a Missa. E o bem-aventurado Francisco, me parece, leu o Evangelho, e um outro frade a epístola. Já que não havia alojamento suficiente para tantos, os frades se acamparam num espaço amplo e cercado, debaixo de esteiras, onde dormiam e tomavam alimento em vinte e três mesas dispostas em ordem. A população do lugar providenciava com prontíssima solicitude às necessidades do capítulo, oferecendo pão e vinho em abundância, e alegrando-se mutuamente pela reunião de tantos frades e pelo retorno do bem-aventurado Francisco.

Neste capítulo, o bem-aventurado, escolhendo como tema a palavra do salmista: *Bendito seja o Senhor, meu Deus, que adestra as minhas mãos para o combate* (salmo 143), pregou aos frades, ensinando-lhes as virtudes e os exortando a mostrar ao mundo a paciência e o bom exemplo.

Ele fez também uma pregação ao povo e se podia ver o proveito dela naquela gente e no clero. Mas, quem jamais poderá narrar quanta era entre os frades a caridade, a paciência, a humildade, a obediência e a letícia fraterna?

Um capítulo assim, seja pela multidão dos religiosos como pela solenidade das cerimônias, eu jamais vi em nossa Ordem. E embora fosse tamanho o número dos frades, mesmo assim a população os mantinha com tal alegria que depois do sétimo dia do capítulo, os frades foram constrangidos a fechar a porta e não aceitar mais nada. Mesmo agindo desta forma, tiveram de dedicar dois dias para consumir os víveres já oferecidos e aceitos.

Quando o capítulo estava já a ponto de fechar-se, ocorreu ao bem-aventurado Francisco que a Ordem ainda não se propagara na Germânia. E uma vez que naqueles dias estava muito enfermo, qualquer coisa que quisesse dizer aos frades o fazia mediante frei Elias. O bem-aventurado Francisco, então, sentando-se aos pés de Elias, o chamou puxando-lhe a túnica. Este se inclinou na direção dele, escutou o que o pai queria e endireitando-se, disse:

— Meus irmãos, assim disse "il Fratello nostro" (significando o bem-aventurado Francisco, que todos chamavam de "il Fratello"). Existe uma região chamada Germânia, na qual habita gente cristã e devota, que, freqüentemente, como sabeis, atravessam nossas terras, com longos bastões e grandes botas, suando, por causa do calor do sol, e se vão como peregrinos e visitam os sepulcros dos santos. E dado que, uma vez, os frades para lá mandados, foram maltratados e voltaram, il Fratello nostro não mais obrigou a ninguém a ir para junto daquelas populações. Mas aqueles que, inspirados pelo zelo de Deus e das almas, queiram ir para lá, para eles quer dar a mesma ampla obediência que daria a quem quisesse ir para ultramar. Assim, se houver alguns que para lá desejem partir, que se coloquem de pé e façam um grupo à parte.

Inflamados pelo zelo do martírio, cerca de noventa frades puseram-se em pé, oferecendo-se à morte. Foram sentar-se num canto, como lhes fora ordenado e lá aguardavam a resposta: quantos, quais, como e quando deveriam partir.

Foi assim que relembrou a cena, tantos anos depois, em 1262, o velho frei Jordão. Mas, como se explica que os habitantes das regiões teutônicas, definidos *cristãos e devotos*, chegaram a gozar da fama de martirizadores de mansos fradezinhos? É o que nos refere o mesmo amável cronista. No ano do Senhor de 1219, São Francisco enviou para a Germânia um grupo de uns sessenta frades, guiados por João de Penna. "Estes, adentrando-se naquelas regiões, ignorando-lhes a língua, interrogados se queriam ser alojados, tomar alimento e coisas semelhantes, responderam "iá" (sim). E foi assim que foram acolhidos por todos benevolamente. E considerando eles que por mérito da palavra "iá" vinham sendo tratados gentilmente, combinaram responder "iá" a qualquer pergunta. Aconteceu, então, que interrogados se eram hereges e como tais tinham vindo, ou seja, para infetar a Germânia e pervertê-la, como acontecera na Lombardia, e tendo os frades respondido com o habitual "iá", alguns foram surrados até o sangue; outros aprisionados e outros, espoliados até à nudez, foram levados ao ludíbrio público para espetáculo da multidão. Vendo os frades, então, que na Germânia não tinham condições de fazer o bem, retornaram à Itália. E foi em vista de tais fatos que a Germânia foi considerada por eles tão feroz que para lá não ousavam voltar, a não ser aqueles que se sentiam impelidos pelo desejo de morrer mártires.

E quanto ao nosso Santo, quais seriam suas impressões ao ver e ouvir o Poverello! Como, de pronto, terá escutado as palavras de vida jorrando de seus lábios, e contemplado a bondade que emanava de cada expressão dele, de cada gesto! Todavia, Antônio não se encontrava entre os voluntários que, a um sinal de Elias, se destacaram da multidão dos presentes. Muito embora fora a sede de martírio a atraí-lo entre os discípulos de Francisco. Depois da terrível crise do Marrocos, ele não sentia mais o fascínio do apostolado aventuroso em terra hostil. Lá, Deus lhe havia barrado o caminho, o havia obrigado a renunciar à sua mais ardente aspiração. Desde então, não mais quis ser ele mesmo o artífice da sua própria vida. Não cabia a ele desejar, escolher, tomar a frente, desde quando se abandonara com fé serena à direção da Providência.

Nos admiráveis dias do Capítulo, Antônio apenas havia experimentado confusamente a nova vida; queria aprofundá-la, deixar-se embeber nela: todo o resto não passava de vaidade e aflição de espírito.

Em grupos, os frades foram-se despedindo. Antônio permanecia lá, sozinho. Ninguém se apercebera dele, nem mesmo Francisco; ninguém sabia quem fosse; nenhum superior o levou junto. Ele se calava e rezava, no seu cantinho, disposto a se abandonar à Providência. "As almas humildes — escreve um homem de Deus — desconhecidas e felizes de serem esquecidas, são as que mais perfeitamente imitam a vida escondida de Jesus em Nazaré; almas que ninguém conhece, nas quais ninguém pensa, e que todo dia conquistam tesouros de paciência, de abnegação, de resignação, de caridade, suportando os defeitos e freqüentemente as zombarias dos outros, sempre prontos para fazer o bem ao próximo... e que toda noitinha, sem vaidade, e até mesmo sem consciência dos seus méritos, oferecem a Deus um coração imaculado e puro..."

Quase todos já tinham ido embora. Foi quando passou ao lado dele frei Graciano, o superior da Romanha (ou seja, do norte da Itália), que o viu, quis saber quem era. — És sacerdote? — perguntou-lhe. Submissamente o Santo respondeu que sim. Nos primórdios da Ordem, havia grande falta de sacerdotes. Graciano foi a frei Elias, cabeça efetivo da família franciscana, e obteve a permissão de levar consigo aquele fradezinho abandonado. Tendo o Santo por companheiro, frei Graciano retornou à sua província. E uma vez lá, sucedeu que um grupo de frades que viviam num eremitério nas alturas dos Apeninos, em Montepaolo, perto de Forli, tendo necessidade de um sacerdote que lhes celebrasse a Missa, insistiram junto a frei Graciano para ter Antônio com eles.

Lá em cima, o Santo dedicou-se à oração, à meditação, ao esquecimento de si mesmo. Mediante penosas peripécias, Deus lhe ensinara a impermutabilidade cristã, que não significa filosofesca insensibilidade ou egoístico abnegar-se a si mesmo, mas serenidade de mente e de coração, própria de uma alma que se abandona nos braços de Deus e por isso, livre dos assaltos exteriores e da turbulência das paixões. Deus é Pai e por isso educador. Em Montepaolo, Antônio se torna enamorado discípulo do Pai, que o vê e lhe fala em segredo, e do qual aprende a desconhecida riqueza da letícia cristã.

Pouco distante do eremitério (uma capelinha, algumas cabanas), no meio de densa mata, um frade havia descoberto uma gruta, para onde gostava de retirar-se em solitária contemplação. Estes primitivos franciscanos eram pessoas de toda e qualquer proveniência; ao lado de uma alma que sempre vivera no amor de Cristo, não era raro encontrar-se um homem de passado turvo, que na austeridade, tentava expiar os seus erros.

Frei Antônio não tinha certamente um passado pecaminoso a reparar; mas sentia igualmente o dever fraterno de substituir aos tantos que vivem no pecado e não têm quem rogue por eles. Um dia, caminhando no mato, Antônio notou aquela gruta, tão selvagem e escondida, e pediu ao confrade que lhe cedesse aquele singular refúgio. O que conseguiu sem dificuldades.

Desde então, a cela cavada na rocha dos Apeninos tornou-se o seu ninho preferido. Lá, como um antigo anacoreta perdido no deserto, entretinha-se intimamente com Deus. O que teria acontecido naquela alma durante seu estágio em Montepaolo?

De quando em quando, o sininho do eremitério ressoava no bosque, chamando os penitentes às orações, ao repouso noturno, à mesa. A alma de Antônio irradiava paz e abandono... coisa que, se edificava os confrades e alegrava o Senhor, enfurecia também o demônio. Aliás, o diabo é um ator de primeiro plano na vida de Santo Antônio, e, não o queira Deus, o que anota os piores momentos da nossa existência.

O crasso materialismo sobre o qual, também nós cristãos, mal conseguimos boiar, conseguiu, em boa parte, colocar diabo e semelhantes mesquinharias entre os ferros velhos do sótão. De fato, quem acredita no diabo e seus malefícios nos dias de hoje? Não são muitos e isto o ajuda maravilhosamente na sua incessante atividade pervertedora, de arquiteto de mentiras e de tramas sem fim.

Lá, em Montepaolo, Santo Antônio não precisava emitir atos de fé sobre a existência e a perfídia do Maligno. Conhecia-o bem de perto. Para Satã, a bondade é um insulto e ele não perde ocasião de vingar-se. A alegria de uma consciência pura é para ele intolerável desafio e ele a cobra bem caro aos discípulos do Evangelho.

O Santo o chama de vampiro, "aquele que cobiça beber o sangue das nossas almas". É imprescindível manter-se alerta para pegá-lo em flagrante nas suas sutis maldades. E o compara também à aranha que, emboscada na sua teia, espera que alguma mosca nela se emaranhe, e então lhe salta em cima e começa a sugá-la. Transfigura-se num anjo luminoso, porque teme ser descoberto no seu verdadeiro aspecto. Espírito imundo, o demônio, a modo do porco, busca morada e repouso no meio da imundície, entre os homens dados à gula e à sensualidade, na obscuridade pútrida dos corações orgulhosos, no caniçal paludoso do apego ao dinheiro e aos bens em geral...

Nas disputas com ele, Antônio não se perdia. Atacava-o com arma branca, multiplicando mortificações e orações. Uma vez, chamado pela sineta, saiu vacilante da sua gruta e teria caído no caminho, se um confrade, notando-lhe o esgotamento, não o tivesse levantado.

Uma virada decisiva

Os seis eremitas de Montepaolo consideravam Antônio apenas como o sacerdote da comunidade, que lhes celebrava a Missa e lhes distribuía a Comunhão. Naquela época não se exigia muito de um sacerdote quanto ao nível intelectual. Ademais, ninguém vira frei Antônio às voltas com livros, a não ser aquele pouquinho estritamente obrigatório: o breviário e o missal. Bem ao contrário, demonstrava diligência e habilidade pouco comuns como ajudante de cozinha e encarregado de varrer o pobre casebre dos frades. Querendo ser útil à comunidade, havia pedido, a título de favor singular, que o superior lhe concedesse lavar os utensílios da cozinha e manter limpo o eremitério. O que lhe foi concedido sem dificuldade.

Era setembro de 1221, conforme uns, ou 1222, de acordo com outros, com base em diversas conjecturas sobre a embrulhada e perturbada cronologia antoniana. O superior do eremitério avisou-lhe que no dia seguinte desceriam à cidade para participar de uma ordenação sacerdotal. Aqui, nem todos concordam a respeito. Certos estudiosos, apoiando-se numa expressão ambígua da Vita Prima, repetida fielmente por outros autorizados autores do século XIII, concluem que o Santo foi a Forli para receber a ordenação sacerdotal. Já vimos que se trata de um engano do biógrafo primitivo, corrigido no mesmo século XIII (1293) por frei Pedro Raymondi. A retificação passou no códice da Vita Prima, conservado na biblioteca antoniana de Pádua. Desculpando do seu equívoco ao bem-aventurado Lucas ou qualquer outro que tenha sido o autor da Vita Prima, diremos que ele foi constrangido pelas circunstâncias a copiar rapidamente o seu trabalho histórico, e que nem sempre lhe foi possível conseguir junto a testemunhos diretos o material que ele usou.

Em Forli ocorreu um outro golpe de cena, que decidiu para sempre a orientação do austero eremita. O bispo oficiou o rito sagrado na catedral. Depois, neo-sacerdotes e confrades presentes se reuniram para escutar o discurso de ocasião sobre a sublimidade do sacerdócio e sobre a necessidade de corresponder com ardor e pertinácia ao carisma recebido. Os dois superiores, dominicano e franciscano, olharam-se face a face, e, cortesmente, um ofereceu ao outro a honra de pronunciar a alocução. O dominicano se recusou gentilmente, alegando não estar preparado. O franciscano, confiando na capacidade dos confrades dominicanos, que não sem razão se chamavam "pregadores", se dispensara também ele da preparação. Crescia o embaraço entre os presentes. Era preciso fazer alguma coisa, dizer aquelas benditas quatro palavras, de acordo com as circunstâncias. E quem faria tão penoso papel, agora inevitável? Por ventura não estava lá, num canto, com a cabeça baixa, absorto nas suas orações, aquele frei Antônio, que descera de Montepaolo? O superior o escutara, uma ou outra vez, falar latim; ele era sacerdote; sem dúvida teria algo a dizer, ao menos para remediar a situação.

Frei Antônio, ao perceber que o superior lhe ordenava falar aos novéis sacerdotes, seguindo o que a graça do Espírito Santo lhe sugerisse, tentou esquivar-se de todos os modos. Mas a ordem era peremptória e convinha obedecer. Foi um breve sermão, mas denso e profundo. De repente os ouvintes se sentiram como que inebriados por aquele olhar, por aquela voz, pela majestade luminosa daquele pensamento. Era como se de improviso aquele desconhecido se apoderasse deles, incendiando-os com seu fogo, iluminando-os com seu fulgor.

Quando terminou, os superiores de novo se encontraram com o olhar, embasbacados! Aquele fradezinho português, que todos julgavam "mais prático em lavar os utensílios de cozinha — escreve o antigo cronista — do que em expor os mistérios da Escritura", não somente se revelava bem outro que um eremita semiculto, mas até senhor de uma ciência de primeira ordem, uma virtude altíssima, dotado de um extraordinário domínio da doutrina e da palavra.

Congratularam-se os dominicanos, com uma ponta de compreensível inveja, os franciscanos com o coração repleto de alegria, com o admirável pregador, o qual terá fugido àquele murmúrio de entusiástica aprovação, buscando mergulhar novamente na sombra do silêncio, tão favorável à humildade.

Todavia, chegara o momento assinalado por Deus. Quando Antônio, movido por iniciativa própria, se expusera ao desastre aventuroso, "o altíssimo, que perscruta os corações dos homens, se lhe opusera, e, golpeando-o com a doença, o provara duramente", agora era a Providência que, conduzindo as circunstâncias, o convidava para a batalha, indicava-lhe o campo e lhe consignava as armas.

"Neste lugar tenebroso, os santos brilham como estrelas no firmamento... De fato, os santos são estrelas, e Cristo os mantém sob o sigilo da Providência, para que não apareçam quando eles o querem, mas estejam prontos para a hora estabelecida por ele. E quando ouvirem ressoar no coração a voz do seu comando, saiam para fora do segredo da contemplação para as obras exigidas pela necessidade." Estas palavras o Santo as escreveu não muitos anos depois, retomando um pensamento que talvez o ocupasse um dia, já longe, ao longo do caminho que o trazia de volta, provisoriamente, ao amado e então perdido eremitério romanholo. Sabia muito bem que a vontade de Deus não deve ser prevista com inquietação e muito menos seguida com relutância.

O COMBATENTE DE CRISTO

Ó meu Senhor Jesus, eu estou pronto a seguir-te mesmo no cárcere, mesmo até à morte, a imolar a minha vida por teu amor, porque sacrificaste a tua vida por nós!

Santo Antônio

Uma lenda a ser demolida

Um discurso de improviso abriu para Antônio os caminhos da ação apostólica. Frei Graciano, que estava presente, imediatamente comunicou o fato a Frei Elias, vigário geral da Ordem. Elias transmitiu a alegre descoberta a São Francisco, que exclamou: — Finalmente também nós temos um bispo! — Um bispo, ou seja, um mestre de vida e de verdade.

Muito fragmentada, a vida de Santo Antônio apresenta inesperadas peripécias. De cavaleiro a claustral, da aplicação ao estudo à expedição em terra muçulmana, da quietude eremítica à movimentada carreira de pregador popular.

Apraz-nos considerar logo um interessante particular: Antônio era português. Em Lisboa e Coimbra, aprendera magistralmente o latim, a língua internacional da época. Ora, meio necessário para qualquer pregador é dominar o idioma dos povos aos quais se dirige. Como, pois, poderia Antônio pregar ao povo na Itália, num século em que não existia a língua nacional, mas, cada região conhecia unicamente o seu próprio dialeto? Como poderia dirigir-se aos ouvintes franceses, da meridional Provença a Bourges, no centro da França, onde reinavam duas línguas fortemente diversas entre elas? Sabemos que ele falou diretamente ao povo em todos estes lugares, demonstrando-se senhor dos vários dialetos, que certamente não tivera tempo de aprender. Esta é uma das circunstâncias extraordinárias da sua vida.

Mas, antes de seguir o Santo no seu peregrinar, façamos um rápido passeio sobre o mundo, no qual ele pensou e agiu, rezou e sofreu, ensinou e lutou.

Tentemos desobstruir um pouco o terreno. Muito se fala e se escreve, com tom amargurado, de descristianização, de neopaganismo, de ateísmo invasor. Não serei eu, certamente, a minimizar uma série de fenômenos inquietantes, visíveis em toda a parte em nossa sociedade, como o desregramento crescente, o abrandamento do sentido do pecado, a adesão ao materialismo prático e teórico, a corrida desenfreada ao dinheiro e assim por diante.

Hoje, fenômenos deste gênero conseguiram uma larga difusão entre as massas, o ateísmo vem sendo injetado por poderosas organizações em ambientes tradicionalmente fiéis à Igreja, o cristianismo é desterrado em muitas nações e erradicado com astúcia e ódio implacável.

Um quadro tão desolador nos leva quase insensivelmente a imaginar o passado em azul e rosa, como uma idade de sonho para sempre perdida e jamais chorada suficientemente de saudades. Bastam, porém, umas poucas e realísticas incursões nos séculos passados, para provar, sem sombra de precipitação ou de preconceito, que jamais existiu um século de ouro da Fé. Nada mais do que um mito exaltante, nada mais do que uma lenda intangível é a idéia que ainda muitos fazem em relação às "grandes épocas da Fé", quando a adesão ao Evangelho teria sido unânime, universal, compacta e fervorosa.

Com as devidas exceções e variações exigidas por tão complexo assunto, podemos afirmar que não houve nenhuma zona privilegiada na história da Igreja em que não fossem poucos os cristãos autênticos. Os vícios sempre estiveram no auge ao passo que as virtudes, em qualquer lugar ou tempo, sempre foram duras de conquistar e conservar. O demônio, por sua vez, em nenhuma época tomou férias, e o pecado original com que vinham ao mundo as antigas gerações tinha a mesma força intoxicante que tem hoje. Igualmente a Igreja, quero dizer, os homens que a perfazem, sempre teve as suas pragas e dilacerantes tribulações.

O leitor ficaria impressionado se descêssemos a particulares, mesmo a respeito do grande século XIII. As fontes de informação são ótimas e abundantes: da correspondência dos papas aos concílios ecumênicos e regionais, às vidas dos santos mais representativos. Mesmo limitando-nos à vida de São Francisco e dos santos da sua constelação espiritual, poderemos recolher pesados testemunhos sobre a "des-cristianização" daqueles tempos. Basta-nos referir alguma expressão de Santo Antônio que conheceu como poucos, de alto a baixo, por dentro e por fora, os males da sua época. Ele tem uma concepção cavernosa do seu tempo, que define mais de uma vez como as fezes, ou seja a borra, a secreção imunda dos séculos passados. Ou ainda, como contemporâneos seus, ao que parece, considerava o seu século à beira do abismo, fora do prumo, em cima do fim...

Escutemo-lo: "Como nos dias do dilúvio, as águas da riqueza e das concupiscências de tal modo subiram, que já cobrem toda a terra. E o que é pior ainda, estas águas malditas cobriram até os montes mais altos — ou seja, os guias da Igreja. Somente a arca de Noé, símbolo do homem espiritual, flutua sobre as águas, porque despreza como lixo todas as coisas do mundo". "O mundo é um lago de miséria e de lodo sórdido. O lago é uma massa de água estagnada que não flui. As águas corrompidas do mundo são soberba, luxúria, cobiça de dinheiro, elas jamais defluem e por isso, dia a dia, vai crescendo o seu nível."

Abundam outras pungentes descrições e mesmo outras mais marcantes e desconsoladoras. Portanto, comprovadamente, os contemporâneos de Antônio não eram muito melhores nem muito piores do que nós. Naturalmente, isso não deve estimular a nossa inércia, um tal qual fatalismo, do tipo: — Foi sempre assim! Embora contristado em vista do mal que via em torno de si, Santo Antônio não se abateu na aceitação indolente do fato consumado. Combateu sem tréguas. E graças à sua ação e da legião de santos suscitados por Deus naquela época, o século XIII, mesmo com seus vícios, não deixa de ser um dos séculos mais memoráveis da história cristã.

No seu campo

Cada período histórico tem suas luzes e suas sombras. Durante a vida de Antônio sucederam-se no trono pontifício, Inocêncio III (1198-1216), Honório III (1216-1227) e Gregório IX (1227-1241). Como veremos, somente com o último deles é que o nosso Santo teve contatos pessoais. Todos os três foram pastores dignos em virtudes, cultura e qualidade de governo. Mas, se os pontífices eram cristãos incontaminados, infelizmente não se pode afirmar que todos os bispos fossem à altura de sua missão. A eleição deles freqüentemente era imposta ou controlada pelo poder civil, que se preocupava em fazer a sua escolha sobre pessoas politicamente favoráveis, pouco ou nada se importando com o porte intelectual e espiritual dos candidatos. Tais intrusões produziam efeitos muito graves. Muitas vezes os bispos, em vez de pais e mestres dos crentes, eram bons guerreiros, astutos políticos, com a cabeça cheia de interesses meramente terrenos. Seguindo as pegadas dos prelados, vinha o clero inferior, que deixava muito a desejar, seja quanto à preparação intelectual e espiritual, seja quanto ao zelo e bom exemplo.

Entre os fiéis, reinava, sem perturbação, a ignorância religiosa, de que se aproveitavam de bom grado os hereges, atraindo para eles o povo simples, escandalizado pelas deficiências do clero e seduzido pela propaganda religioso-social dos agitadores. A heresia se espalhava por toda a Europa. Os seus filiados e propugnadores chamavam-se "cátaros" (um termo grego que significa: *puros*). Nas idéias e nas ações destes cristãos transviados e transviadores se nota uma estranha mescla de deturpações doutrinais e reivindicações político-sociais e tudo isso temperado por uma hostilidade venenosa contra as autoridades eclesiásticas e o clero secular e regular. Conseguiam impressionar o povo com sua austeridade, fazendo-se paladinos dos descontentamentos e das recriminações, prometendo uma espécie de revolução da qual nasceria uma época de bem-estar. Com se vê, de lá para cá, as coisas não mudaram muito. Exige-se tão pouco para especular sobre as injustiças dos poderosos e sobre a opressão dos pobres, iludindo estes últimos com promessas douradas!

A este respeito, Santo Antônio nos deixou páginas de fogo, tachando os hereges de descarada ignorância e hipocrisia. Oportunamente daremos algumas citações. Pela graça de Deus, em meio a tanta treva, acendera-se uma luz: quem não recorda a visão de Inocêncio III? Viera da Úmbria um estranho mendicante, Francisco, seguido de onze companheiros, como ele, pobres e enamorados por uma pura vida evangélica. O grande pontífice ficou perplexo: temeria que aquelas almas simples se deixassem tragar pelas insídias dos hereges? Durante a noite, ele teve um sonho: pareceu-lhe ver a catedral de Roma, São João do Latrão, prestes a desmoronar-se. Mas, eis que um mendicante, no qual ele reconheceu os traços de Francisco, avança e, com seus frágeis ombros, soergue a imensa basílica que ameaçava ruir. E o papa aprovou o novo movimento fundado em Assis. Uns anos depois, deu sua aprovação também ao movimento gêmeo, criado por São Domingos. Franciscanos e dominicanos tiveram rapidíssima difusão, rejuvenescendo a Igreja e constituindo poderoso dique contra a dissolução provocada pelos hereges e pelos maus pastores.

O nosso olhar panorâmico, além do aspecto religioso, deve abraçar também outras facetas da sociedade medieval em que se moveu o nosso Santo. Já observamos que a política era misturada com a religião, com grande prejuízo para esta última. Com a queda do Império Romano e em conseqüência das invasões bárbaras, a responsabilidade do governo civil dos cristãos caiu nas mãos dos papas e de bispos. A Igreja foi levada a assumir o ônus de graves empenhos políticos, sociais e culturais, perdendo em liberdade e em vigor de testemunho.

Com a instituição do império romano-germânico, não diminuíram tais dificuldades. Ademais, a mentalidade da época não conseguia nem mesmo imaginar a distinção dos poderes. Assim, o imperador se intrometia nas coisas que diziam respeito à Igreja, e o papa, insensivelmente, invadia as competências do governo. Tal situação gerava desencontros contínuos, e danos recíprocos ao prestígio e à paz. Aproveitando-se das contendas entre o papado e o império, as cidades se desligam do poder central, e formam pequenos estados independentes: as comunas. Estas, por sua vez, não encontram nada de mais lucrativo para dedicar-se do que lutar uma contra a outra: os guelfos, sob o pretexto de sustentar o papado, e os gibelinos, sob a cor de militantes pelo império. Os reais interesses e efetivos escopos nada tinham de cavalheiresco. Cada comuna tratava de engordar às custas dos vizinhos, para saciar ambições territoriais e ampliar os negócios próprios.

O nosso Santo não fala da situação política do seu tempo. Pequenas alusões apenas. Santo Antônio não tomava partido: guelfos e gibelinos, para ele, um cristão autêntico, eram somente almas a iluminar, a salvar.

Mas o século XIII é também o século em que a classe burguesa atinge uma importância jamais vista. Enriquecidos pelos intercâmbios comerciais marítimos e em terra, os mercantes italianos se tornaram o *quinto elemento* da Europa e do Oriente próximo. A arte de fazer dinheiro não permite escrúpulos de espécie alguma. E enquanto a nobreza proprietária de terras empobrece, são os usurários que se enchem. E enquanto a burguesia se mostra prepotente nos regimes comunais, é o povo pobre que sofre as conseqüências.

O século XIII, no meio de tão arrojada e desordenada vitalidade, nos fez herdeiros de um patrimônio cultural invejável. Foi nestes decênios que as Universidades tiveram seu máximo impulso, como aquelas de Bolonha e Pádua, de Paris e Oxford. O direito, a filosofia, a literatura, a teologia, viveram momentos gloriosos. Ao lado da cultura, prosperam as belas artes: se a pintura mural apenas se liberta da crisálida, a arquitetura gótica consegue criar monumentos de insuperável originalidade e beleza, e a escultura produz obras-primas inigualáveis em todas as regiões cristãs.

As suas armas

"Tromba de guerra é a pregação. A ela alude o profeta Amós: *Quando ressoa a tromba de alarme na cidade, quem não estremece de pavor?* É sinal de grande dureza de coração quando o povo ouve a tromba da pregação anunciando a morte eterna e não experimenta nenhum temor. São semelhantes a víboras surdas, comprimindo uma orelha contra a terra e bloqueando a outra com a cauda da concupiscência carnal, para não escutar o som persuasivo da tromba...".

O campeão de Cristo tomou o seu lugar e desafia o inimigo à batalha. As fontes não deixam de sublinhar que não foi ele, Antônio, de sua cabeça, a empenhar-se na pregação. Ele bem que permaneceria muito feliz no esquecimento contemplativo de Montepaolo, longe da "turba perturbada" do mundo. Oração e penitência são formas de apostolado mais eficazes do que qualquer palavra proferida ou escrita. Foi frei Elias que, com o consentimento de São Francisco, impôs ao eremita as fadigas da pregação ao povo cercado pelos hereges, degradado pela ignorância, esmagado pelos opressores.

Ninguém vai à guerra desarmado. Na luta do bem contra o mal, da luz contra as trevas, o combatente precisa das armas defensivas e ofensivas necessárias. Na sua qualidade de pregador, o nosso Santo não precisou pedir as suas armas de esmola. Ele as possuía: santidade e bom exemplo, preparação doutrinal adequada, excelentes dotes expositivos. A bela voz, robusta, é para ele dom da natureza, como também a arte de comunicar o próprio pensamento e sentimento. Mas ele sabe afinar seus dotes mediante vigilantes exercícios.

Todavia, a santidade e a ciência não são presentes da natureza. Para saber, é preciso estudar, com esforço metódico e aprofundamento progressivo. Santo Antônio tinha o porte de um homem de cultura. Ademais, possuía uma memória espantosa: "tudo o que lia confiava à sua memória, que era tão tenaz que lhe permitiu em pouco tempo adquirir tal ciência da Escritura que não havia quem pudesse superá-la", atesta a Vita Prima, tantas vezes citada. Desde criança fizera amizade com os livros. "Chegando depois a Coimbra, não deixava de cultivar o seu talento mediante o estudo assíduo e com a meditação exercitava seu coração. Sempre que possível, noite e dia, não interrompia a leitura da divina Escritura. Fortificava a fé, ora lendo os textos da verdade histórica com confrontos alegóricos, ora aplicando a si mesmo as palavras escriturísticas, demonstrando com os costumes a sua disposição de ânimo. Daí lhe vem que, perscrutando com feliz curiosidade o sentido oculto das palavras divinas, os testemunhos da Escritura muito lhe valeram para fortificar-lhe o intelecto, preservando-o de cair em erros.

Além disso, com diligente pesquisa, refletia sobre o pensamento dos Santos."

Portanto, o tipo de um estudante modelo: paixão pelo estudo, vivo interesse pelas matérias religiosas, constante aplicação. Se naqueles remotos tempos estivessem em uso as cadernetas escolares, Santo Antônio teria uma boa série de 10, por causa de sua rara inteligência e ainda mais rara aplicação. Aquilo que se conquista sobre os bancos das escolas não passa de uma base, o método. A cultura requer o hábito da reflexão, do confronto constante com as experiências da vida, para enfim ser assimilada e harmonizar tudo isto com o todo do nosso ser.

Terminado o período escolar, Antônio continuou a ser um discípulo, alguém que jamais se sacia de saber. Permanecendo nos eremitérios, fazendo longas viagens, a memória lhe servia de livro. Onde lhe era possível desfolhar um livro de teologia, ele o fazia com a alegria própria de um homem de estudos, desejoso de ampliar os limites de seu conhecimento. Até o fim, Antônio permaneceu fiel aos livros, sobretudo ao rei dos Livros, a Bíblia. O cronista Rolandino o descreve sobre uma nogueira "die noctuque regirans vetus testamentum et novum", concentrado em ler a Sagrada Escritura e compilar os seus doutíssimos Sermões.

A arma da ciência ele a possuía de

ótimo aço e bem afiada: era só desembainhá-la. A terceira arma, a mais poderosa se chama: santidade. No pregador do Evangelho, todas as virtudes devem brilhar. Compaixão solícita e ativa para com as misérias materiais e morais do povo; pureza incontaminada de corpo e de espírito; ininterrupta união com Deus nas intenções, nas orações, nos sacrifícios; força e suavidade nas relações com os súditos, ímpeto e tato com os poderosos, contínuo esforço para erradicar os próprios defeitos... "Também os santos, embora apareçam como inocentes aos olhos dos homens, na realidade, têm inumeráveis culpas, que conseguem expiar mediante as contínuas provas da existência" (*Newman*), carregam, como todos os filhos de Adão, seus pontos fracos que procuram dominar, para não se deixarem arrastar. Por insignificante que seja na sua aparência, um defeito deixado em paz não deixa de exercer seu crescente influxo negativo sobre o nosso modo de ver e de agir.

Que Santo Antônio tenha sido exigente e até duro consigo mesmo, nós o deduzimos, seja dos depoimentos dos cronistas seus coetâneos, seja dos seus escritos, nos quais palpita sincero acento de vida vivida. Ele tem uma concepção heróica da vida cristã. Ele abandona o mosteiro de Coimbra não só por causa da penosa situação em que se encontrava a comunidade, mas também em vista do seu aburguesamento generalizado, buscando aquela renúncia até ao heroísmo, à procura tormentosa de uma vida plena, para cima, sublime. Se conformismo é um acomodar-se sem luta na aceitação da realidade assim como ela se apresenta, o nosso Santo é um inflamado anticonformista. Insatisfeito com a mediocridade, não se resigna, não se adata a ela. Daí a austeridade da moral cristã pregada por ele, a vigorosa denúncia dos males do seu tempo. O amor é insaciável, é corajoso. Quanto mais um espírito se habitua a fixar a pureza do céu, tanto mais o ativam as misérias da terra.

Nós homens somos, por assim dizer, como que animais "visivos": desconfiados e distraídos diante dos belos discursos e preguiçosos para recorrer aos livros. Sabendo disso, Santo Antônio não se limitou a escrever e a pregar; isto era o menos. Ele caprichou sobretudo em cima do bom exemplo. A sua pobreza era absoluta; fugia quase com desdém das doçuras da popularidade; era sempre magnânimo, desinteressado, pronto a qualquer renúncia; condescendente com todos, capaz de doar-se sem medida. Haveria uma pregação mais persuasiva do que esta absoluta autenticidade?

Uma outra arma era a dos milagres. Como se trata de um assunto muito debatido em nosso tempo, nós o trataremos em separado.

Acho que nas batalhas do Santo tenha tido uma importância notável também a arma, digamos assim, do fascínio pessoal. Uma personalidade tão marcante e rica como a de Antônio irradia naturalmente toda uma força de atração sobre as multidões e os indivíduos. Um poder obscuro e perigoso nas mãos de pessoas privadas de princípios morais e devoradas de ambição; mas força utilíssima quando utilizada por uma causa santa de purificação e elevação.

A justiça exige que se faça alusão a uma grande força subsidiária que o Santo tinha a sua disposição, ou seja, os seus confrades. Um oficial pode ser pessoalmente um herói, mas, se os seus soldados não passam de velhacos, ele não pode vencer a batalha. Em torno de frei Antônio, combatente de Cristo, vemos as fileiras generosas dos seus confrades, não tão grandes como ele, mas também eles, na sua modéstia, capazes de se oferecerem por amor a Cristo. O Santo podia contar com os seus soldados: eles o seguiriam com fidelidade a toda prova.

A conquista dos hereges

A Romanha colheu as primícias do apostolado antonino. Exatamente naquela região, em Rímini, a graciosa cidade de pescadores no litoral do Adriático, havia um temível covil de cátaros. Depois de ter passado "por cidades e castelos, por vilas e campos, espalhando por toda a parte a semente da vida, com grandíssima abundância e caridade ferventíssima, recusando qualquer repouso para o bem das almas" — como está escrito na fidedigna Vita Prima — Antônio chegou a Rímini. E, como era seu costume, cavaleirescamente, viseira aberta, enfrentou os hereges que dominavam a situação.

O que significava isso? Mediante prolongada experiência pessoal, sabia alguma coisa a respeito um santo romanholo, preposto da catedral de Rímini nos anos de 1222-28, Santo Aldebrando, posteriormente bispo de Fossombrone. Durante um sermão, ele havia reivindicado veementemente certos bens eclesiásticos desapropriados pela comuna. O povo, açulado pelos cátaros, insurgiu-se tumultuosamente contra o infeliz, e teriam passado sem mais a vias de fato, se Aldebrando, rapidamente, não tivesse buscado refúgio no campanário da torre. Passada a tempestade, restou-lhe apenas abandonar bem quietinho a ingrata cidade.

Este episódio aconteceu apenas alguns anos depois de o nosso Santo ter passado por lá. Daí deduzirmos que também os seus sucessos, obtidos com muito suor, eram limitados. Em geral os convertidos são poucos e os que perseveram, menos ainda.

Em Rímini, continuamos citando a Vita Prima, "vendo muitos enganados pela malícia dos hereges, reuniu de repente toda a população, e começou a pregar com fervor de espírito. Refutou as afirmações astutas dos hereges de modo mais luminoso do que o sol. A eficácia da sua palavra e a sua salutar doutrina lançaram tão profundas raízes no coração dos ouvintes que, eliminada a impureza do erro, não pequena multidão de fiéis reaproximou-se fielmente do Senhor. Entre estes se encontrava um herege chamado Bonillo, há trinta anos preso aos erros da infidelidade. Por meio do seu servo Antônio, o Senhor trouxe de novo este herege para o caminho da verdade. Ele, por sua vez, depois de haver feito a devida penitência, obedeceu devotamente, até o fim da vida, aos mandamentos da santa Igreja".

Alguns biógrafos, acolhendo cordialmente quanto cantam fontes mais tardias, consideram que foi em Rímini que aconteceram os dois milagres mais populares atribuídos a Santo Antônio: a pregação aos peixes, narrada com coloridos de fábula a modos dos *Fioretti* de São Francisco, e a jumenta, que adora a Eucaristia.

O primeiro vem relatado pela *Legenda Fiorentina* com estas sóbrias palavras: "Uma vez, pregava aos hereges e foi por eles ludibriado. Ressentido, ele se voltou aos peixes de um rio vizinho e disse: — Peixes, ouvi a palavra do Senhor! Sem demora, os peixes, aflorando de toda parte, reuniram-se diante dele e lá permaneceram firmes, com a cabeça para cima. Somente depois da pregação, tendo recebido a bênção dele, se afastaram".

Quanto ao milagre da mula, corresponda ou não à verdade, encerra todavia um profundo núcleo histórico. Um dos erros mais sombriamente e pertinazmente sustentados pelos hereges era a negação da presença real de Cristo na Eucaristia. Triturado este mistério, coração do culto católico e viático da Igreja militante, deveria cair conseqüentemente também o sacerdócio: se não há sacrifício, não se precisa de sacrificador. O movimento franciscano, Santo Antônio à frente, foi propugnador incomparável da Eucaristia e do sacerdócio católico. Se tão corrosivo erro foi em breve dominado, a ele se deve de modo considerável.

Durante uma disputa pública com os inimigos da Igreja, um notável herege, que devia ser o chefe do lugar, não querendo dobrar-se diante dos argumentos expostos pelo Santo, lançou-lhe um desafio. Ele tinha uma jumenta. Ele a manteria em jejum durante três dias. No quarto dia, a conduziria à praça, onde, de uma parte, estaria exposto um convidativo monte de palha; da outra, estaria Antônio com o hostensório nas mãos. O desafio foi aceito. Antônio passou os três dias em oração e penitência, enquanto a ignara mula elanguescia na sua cocheira. Na hora combinada, o pobre animal, vacilante de fome, foi conduzido à praça, onde, desprezando o alimento e os rugidos do patrão, dobrou os joelhos diante do Santíssimo, conduzido por Antônio. O herege se declarou derrotado e se converteu, arrastando consigo a sua manada de incrédulos.

É, assim, chegada a hora de abrir um parêntese, para acenar a um problema entre os mais debatidos da biografia antoniana.

O problema dos milagres

Uma importante questão vem sendo agitada, de um século para cá, sobre os milagres de Santo Antônio. De saída entendamo-nos: nenhum crítico sério e objetivo duvida que, por intercessão do Santo, logo depois de sua morte, tenham ocorrido inúmeros milagres. Nenhum se arrisca a negar que, ainda hoje, o Santo obtenha do Senhor, para quem o invoca, milagres e graças. Para tanto, seriam necessárias inexistentes e evidentes provas em contrário.

A questão diz respeito aos milagres realizados por Deus, mediante a prece de Antônio, enquanto o Santo existia ainda em nossa vida mortal. Duas verificações nos ajudarão a ver claro este problema: antes do mais, a Vita Prima, já citada (trata-se de compilação feita por testemunha ocular que diz respeito ao período em que frei Antônio viveu em Pádua), recorda que o Santo curou milagrosamente uma menina paralítica que se chamava Padovana; não somente isso, mas descreve outros fenômenos extraordinários experimentados pelo Santo. Portanto, não é científico rejeitar-lhe certa aura sobrenatural durante seus anos de vida na terra.

Segunda verificação: as biografias compostas durante o mesmo século XIII e no sucessivo, não apresentam a sobriedade da Vita Prima. Tanto mais longe a época do Santo, mais crescem os relatos de coisas prodigiosas atribuídas a ele. É bem conhecida a mentalidade religiosa da Idade Média, enamorada (até demais) do maravilhoso e pouco propensa a distinguir entre história e lenda. Igualmente conhecida é a humildade de Santo Antônio, aquele pudor da santidade que o induzia a calar-se e a fazer calar tudo o que dizia respeito aos acontecimentos gloriosos, que teriam colocado em perigo o senso de desprezo que ele nutria para consigo mesmo, e prejudicado a sua ação apostólica. Nos seus escritos, percebe-se uma, diria, martelante preocupação de jamais usurpar aquela glória que compete somente a Deus. De resto, a sua modéstia, tão sensível e vigilante, nós a encontramos tal qual no Evangelho, que repetidas vezes nos informa como Jesus, quando operava um milagre, logo impunha ao agraciado e aos presentes que não o divulgassem.

Levando em conta tudo isso, podemos traçar uma linha equilibrada de solução do problema tão discutido dos milagres de Santo Antônio. De um lado, não acolher nenhum elemento maravilhoso que não provenha de fontes verídicas. De outra parte, não ser tão desconfiado e alérgico com os fatos sobrenaturais, vendo sempre e em tudo apenas um fanatismo de devotos levados mais pela boa fé do que pelo senso crítico. Quem se deixa amordaçar por prejulgamentos ideológicos de qualquer espécie, não pode ser um historiador sincero e realista.

Concluindo: Santo Antônio operou milagres durante sua vida terrena, ou melhor, com suas preces e penitência, obteve milagres do Senhor. De alguns, temos notícias fidedignas; de outros, temos relatos tardios e facilmente exagerados pelo temperamento medieval. Devemos pois ser cautelosos, jamais gratuitamente pessimistas. E não esquecer que muitas páginas da vida "secreta" de Santo Antônio, jamais serão lidas na terra, mas somente no céu, onde a verdade será sem sombras.

Não façamos o papel de escandalizados diante de narrativas, em que Deus parece esbanjar a sua onipotência e Santo Antônio a sua prece, em vista da pouca necessidade de intervenção divina em favor de desejos humanos freqüentemente bem pouco sublimes. Para tranqüilizar semelhantes preocupações, baste-nos ler o segundo capítulo do Evangelho de João, onde ele nos narra o primeiro milagre operado por Jesus. Aqueles que justamente são chamados "os contabilistas do sobrenatural", criticam, seja Maria, que intercedeu para conseguir o milagre, seja Jesus, que o fez. Era de se esperar que o Messias, o Filho de Deus, o Redentor, tivesse bem outras preocupações do que a angústia de dois humildes jovens esposos, pela falta de vinho para o banquete de núpcias! Mas Jesus e Maria têm muito mais coração, muito mais compreensão, muito mais senso da realidade humana do que nós. Para evitar o triste papel que depois pesaria para sempre sobre os pobres esposos, para mostrar a sua participação na sua alegria serena e santa, pelo amor que nutria pela sua mãe, Jesus opera o milagre, muda em vinho a água daqueles vasos. Em certos momentos, também o supérfluo pode ser necessário! E, assim como ele não disse não à sua Mãe, assim também não sabe negar infinitas graças e muitos milagres ao Santo dos pobres e dos desconsolados, sem solicitar a permissão ou dar uma justificação aos historiógrafos, às vezes por demais presunçosos e áridos de coração.

Mestre de Teologia

A história sabe muitas coisas, mas, infelizmente, nem sempre as mais importantes. Recorda um mexerico da corte, e, quiçá, se esquece de um acontecimento determinante; talvez nem seja um esquecimento, mas simplesmente não o sabe. Os cronistas, que vêem e registram os casos mais ruidosos, raramente são capazes de colher verdade de aspecto insignificante, mas da qual depende o futuro. Um Suetônio se prolonga descrevendo as bobagens de Calígula, e depois confunde Cristo com um agitador popular da periferia. Um Tácito enche páginas para informar-nos sobre as manias criminosas de Nero, e depois ignora o maior entre os cidadãos romanos: Paulo de

Tarso. Pobres daqueles galantes senhores que apelam por um desapaixonado juízo e, quem sabe, até aplauso da história (suposto que, uma vez embarcados *para lá*, possa ainda algum interessar-se pelos juízos do mundo de cá).

Mesmo aqueles que conviveram com o Santo e que poderiam de qualquer maneira recolher sem dificuldades seguras informações sobre ele, eles merecem o diploma de irresponsáveis e afobados.

Debicando os pobres grãos de notícias que chegaram até nós, encontramos um acontecimento sumamente importante para o nosso Santo e para o movimento franciscano. Depois de um período não determinado (um ano?) de ação missionária, foi-lhe entregue uma carta: "A frei Antônio, meu bispo, saúda frei Francisco e augura saúde. Apraz-me que ensines teologia aos nossos frades, sob a condição, porém, que por causa de tal estudo, não se extinga neles o espírito da santa oração e devoção, como é prescrito na Regra. Passa bem".

Na sua luta contra a heresia, Antônio revelou possuir plenamente os complexos dotes exigidos para tal função; mas também se constatou que um só guerreiro não era suficiente. Impunha-se com urgência a necessidade de novos recrutas apostólicos, bem adestrados para as disputas públicas, e em condições de dar substância doutrinal às suas pregações e concisa carga persuasiva. Os hereges podiam ser também uma turba de toupeiras, mas, uma boa parte do povo já desmoronara nas suas organizações. Sem o prestígio da bondade e da cultura, era impossível fazer-se escutar, abrir uma brecha naquele meio.

É verdade: na sua vida, São Francisco jamais foi um entusiasta pelos estudos, temendo que com eles sofressem a humildade e a pobreza dos frades. Todavia, informado sobre a realidade das coisas, consentiu ao pedido, provavelmente de Antônio, de fundar um Instituto Teológico na douta Bolonha, junto ao convento de Santa Maria della Pugliola. O docente pré-escolhido harmonizava em si mesmo santidade sincera e ciência preclara.

Quanto tempo teria durado este ensinamento? Porventura, entre seus discípulos, houve quem se destacasse particularmente? Alguém teria conservado, embora alteradas, anotações feitas nas aulas antonianas? Perguntas interessantes, sim, mas destinadas a permanecer sem respostas. O método didático do santo era o habitual no seu tempo: leitura da Bíblia comentada com o auxílio das obras dos Santos Padres, principalmente Santo Agostinho. Seria anacronístico figurar-nos este curso teológico à luz dos programas atuais, que seguem uma linha logicamente concatenada entre as várias disciplinas sacras e são conduzidos por critérios estritamente científicos. Num mundo analfabeto não ocorriam tais exigências. A bagagem intelectual de um bom sacerdote compreendia um conhecimento bíblico bastante aprofundado, igualmente dos padres mais conhecidos, das definições dogmáticas aprovadas pelos Concílios Ecumênicos e das cerimônias litúrgicas.

Saindo das fileiras dos cônegos agostinianos, como foi dito, Antônio não rompeu as relações com seus velhos mestres e colegas, que gozavam na Europa merecida fama por causa dos seus centros de cultura sacra. Em Verceli surgira uma abadia deles, ao lado da estupenda basílica de Santo André, obra-prima do gótico italiano. Tratava-se de uma comunidade de cônegos desmembrada da célebre abadia de São Vítor, de Paris, e implantada em terra piemontesa. O superior deles se chamava Tomás Gallo (que não é um sobrenome, mas simplesmente uma designação étnica: "Gallus" é o equivalente latino de *francês*), autor de uma obra célebre na Idade Média: Os Comentários sobre a Teologia Mística do assim chamado Dionísio, Areopagita, nos quais se encontra inserido um comovente elogio ao nosso Santo.

É fora de dúvida que os dois personagens se conheciam e se estimavam. Como teria ocorrido este encontro? Há quem acha que Antônio foi escutar as aulas de Tomás, para cobrir as lacunas de sua cultura teológica. Parece-me mais provável um encontro casual, ocorrido por ocasião de alguma pregação ou mesmo motivado pelo desejo de prover os seus frades de livros necessários. A presença do nosso Santo em Verceli é documentada por uma notícia contemporânea contida nos *Necrologi Eusebiani* (no Arquivo capitular da cidade), na qual ele vem chamado de *"huius civitatis specialis predicator"* — ou seja, *"especial pregador desta cidade"*.

Santo Antônio tentou promover uma aproximação entre as antigas e novas Ordens religiosas, proveitosa para ambas as partes. Na Igreja, tão necessitada de evangelizadores bem preparados, convinha unir as forças experimentadas àquelas mais recentes, os veteranos às novas levas.

Aperfeiçoada a sua formação franciscana no eremitério de Montepaolo, tomados os primeiros contatos com as populações infectadas pela heresia, completada a sua formação intelectual e didática enquanto ministrava as suas lições teológicas em Bolonha, Santo Antônio estava maduro para assumir um outro encargo que lhe veio de Assis: deixar a Itália e dirigir-se com presteza à França, onde as coisas andavam de mal a pior. Lá ele continuaria a ensinar aos confrades, a pregar ao povo, a batalhar contra os inflexíveis hereges.

Antes de passar para a outra vertente dos Alpes, voltemo-nos para contemplar do alto esta nossa terra, tão bela, que Dante a chamava de *jardim do império* (entenda-se, o império romano-germânico, que foi o eixo da história medieval) e que nós podemos melhor chamar de *jardim da Igreja*, porque nela se encontra o centro da catolicidade que tem o mundo por circunferência.

Esta nossa Itália teve o privilégio de ser, em cada século, mãe de Santos. A eles, além da renovação espiritual, a pátria deve, em não pequena parte, o seu patrimônio de civilidade. Mas ela teve ainda uma grande sorte, a de tomar emprestado ou mesmo receber de presente de nações vizinhas e longínquas muitos grandes homens de Deus.

A França nos dá, entre outros, dois santos peregrinos: São Roque, por 1300 e São Benedito Labre, por 1700. Da Alemanha desce São Bruno, que morreu na Calábria, depois de fundar a sua segunda cartuxa. Outro fundador ilustre é São Columbano, dom da verde Irlanda. Ainda por 1300 vem morar conosco Santa Brígida, a filha mais ilustre da Suécia, que transcorreu em Roma os últimos vinte e três anos de sua operosa existência. Por 1600, a Bélgica e a Polônia transplantaram sob o nosso céu São João Berchmans e Santo Estanislau Kostka.

Todavia, nenhuma outra nação, penso eu, poderia competir em generosidade com a Espanha, que incrustou no firmamento dos santos da Itália dois astros de primeira grandeza: São Domingos, o fundador dos Pregadores e alma gêmea de São Francisco de Assis, e Santo Inácio de Loyola, fundador da Companhia de Jesus.

Quanto ao nosso Antônio, devemos ser gratos a Portugal, que se privou do seu santo mais representativo para enviá-lo às nossas paragens "a miracol mostrare".

DOCE FRANÇA

Como os raios se desprendem das nuvens, assim também dos santos pregadores emanam obras maravilhosas. Disparam os raios, enquanto cintilam os milagres dos pregadores; retornam os raios quando os pregadores não atribuem a si mesmos as grandes obras que fazem, mas à graça de Deus.

Santo Antônio

Um terreno que queima

As regiões para onde a obediência enviava Santo Antônio, há vinte anos eram trabalhadas por uma horrível guerra fratricida. Indo para lá, talvez reviveu nele a esperança de satisfazer o jamais extinto desejo de tombar mártir pela fé. Os caminhos que ele percorria estavam ensopados de sangue.

Há cem anos e mais, no Sul da França, atuava um foco irradiador de heresia. Os seus adeptos condividiam a ideologia dos cátaros. Tinham como cidadela-forte a cidade de Albi[2] e por isso eram chamados de

2. Ainda hoje o visitante da grandiosa catedral de Albi fica realmente chocado ao saber que está conhecendo a principal das tristemente famosas "igrejas-fortalezas" da região, prontas para acolher o povo em casos de conflitos armados.

"albigenses". Malgrado os repetidos sinais de alarme dos concílios, não obstante os apelos dramáticos de santos como Bernardo de Claraval, apesar das periódicas intervenções papais, os hereges ganhavam terreno cada dia, às custas dos católicos. De fato, quando uma coisa se desfaz facilmente, é sinal que tem pouca consistência. A Igreja da França meridional era na realidade profundamente débil. O crescente bem-estar das populações, a "civilidade" das cortes senhoris podres de imoralidade, o clero das paróquias e dos claustros infectado de insensibilidade e maus costumes: tudo conjurava para tornar aquelas terras apetitosa e fácil presa dos albigenses.

O papa estava informado de tudo e há um século procurava conduzir as coisas com paciência, tentando salvar o salvável, recuperar o recuperável. Tempo e fadiga perdidos. No Sul, o mais poderoso senhor era o conde de Tolosa, Raimundo VI, um especialista no jogo duplo. De um lado prometia represar a maré da heresia, doutro lado era cúmplice dela, visando interesses nada edificantes. Entre 1206-1207, São Domingos tentara combater os hereges sem ameaças ou negociações, mas com o exemplo de uma vida plenamente evangélica, enfrentando os que erravam em disputas públicas. Os resultados, embora confortantes, eram um nada frente à geral e crescente ruína.

O assassinato de Pedro de Castelnau ocorrido em 1208, por instigação e não sem o beneplácito de Raimundo VI, precipitou a grande crise. O assassinado era legado papal, o representante pessoal, portanto, de Inocêncio III. Fora levantado o punhal contra o cabeça espiritual da Europa. Toda a cristandade, sacudida de indignação, sublevou-se contra aquele que era praticamente o responsável pelo crime.

Inocêncio III mandou pregar uma cruzada, que começou em junho de 1209. Esta expedição punitiva, composta sobretudo de franceses do norte, não deveria durar mais do que quarenta dias. Durou, porém, vinte anos, com suas vicissitudes alternadas e trágicas. Nenhum esforço do Pontífice foi suficiente para freá-la. Bem depressa, a finalidade religiosa degenerou para uma política suja, a luta entre católicos e albigenses se tornou guerra entre Norte e Sul, entre civilização francesa e civilização provençal, entre os senhorezinhos meridionais e o prepotente e cobiçoso rei da França. Resultado: se de um lado a heresia foi exterminada, de outro, toda a região sofreu anos de tal desolação que teve como conseqüência a aniquilação da gloriosa (não obstante suas falhas) civilização provençal, reduzindo a uma área deprimida lugares antes opulentos e operosos.

Tudo indica que Santo Antônio lá colocou os pés nos finzinhos de 1224 ou no início do ano seguinte. Há poucos anos que as rédeas do conflito estavam nas mãos do rei Luís VIII. Para ele, parecia impossível, embora o desejasse, estender os seus domínios até ao Mediterrâneo, com o pretexto de defender a Igreja ameaçada. Exatamente no ano 26, uma segunda onda de "cruzados" se derramou no Sul, arrasando as desesperadas defesas dos hereges. O epílogo deste drama teve lugar em Paris, em abril de 1229, com um acordo entre os herdeiros do conde de Tolosa e os representantes do comando dos cruzados. Naquela data, o nosso Santo já retornara para a terra italiana.

Depois desta sintética exposição dos fatos, afloram-nos à mente várias interrogações. É cristão defender a religião vertendo o sangue dos não crentes? Os albigenses tinham atrás das costas mais de um século de história, portanto, podemos admitir que fossem hereges por tradição, em boa fé; que direito existe, portanto, de perseguir pessoas que somente têm a culpa de pensar de maneira diferente de nós? E ainda: se eles houvessem adotado um tipo particular de religião, não teriam porventura a boa razão de mantê-la em santa paz? E por que razão um homem de altíssima estatura moral e de fineza de espírito pouco comum como Santo Antônio, enfrentou tantos riscos para arrancar pela raiz tal movimento? Onde colocar, então, a liberdade religiosa?

Os quesitos são numerosos e de grande peso. Para responder a cada um adequadamente ocorreria um volume, muita paciência de quem escreve, muitíssima para quem o lê. Contentar-me-ei em apresentar algumas reflexões, convidando os que desejam algo mais a consultar obras especializadas na matéria, que não faltam.

Uma observação preliminar: uma pessoa que venha a ser levada a um lugar desconhecido, se encontra expatriada, ou seja, fora do ambiente costumeiro e bem conhecido. Também nós, caminhamos para trás na história, chegamos a sítios desconhecidos, sentimo-nos como que perdidos, longe do nosso mundo. Mentalidade, hábitos, práticas etc. próprias de uma outra época da civilização nos deixam surpresos e até assustados. Não conseguimos explicar, justificar costumes, idéias tão diversas, senão adversas das nossas. O recorrer à violência para arrancar a heresia nos parece hoje um sistema inconcebível, radicalmente anti-cristão.

É preciso buscar aclimatar-se, ver a realidade do ponto de vista que vigorava na época, comensurando-a sob a escala dos valores por todos aceitos naquele tempo.

Quando o imperador romano adotou o cristianismo como religião única e oficial do Estado, a heresia, que a Igreja considerava justamente como delito de lesa-majestade divina, foi golpeada com penas severíssimas que o direito antigo cominava contra o crime de lesa-majestade imperial. Às penas unicamente espirituais estabelecidas pela Igreja contra os hereges (qual excomunhão, interdição etc.) o Estado acrescenta punições corporais, reparações, cárcere, exílio, morte. Esta era, na época de Santo Antônio, a mentalidade corrente, baseada sobre uma tradição quase milenária, contra a qual ninguém sonhava reagir. Em 1224, um meio-ateu como Frederico II da Suábia estabeleceu, sem mais, que os heréticos fossem queimados vivos. Todo atentado contra a Fé católica era um atentado contra a segurança do Estado. A sociedade procedia bem de outro modo com a Igreja, e quem a insidiava caía ipso facto sob a espada inexorável da autoridade civil.

Não somente a sociedade, mas toda a vida cultural, assistencial, religiosa, dependia estritamente da Igreja. Um inimigo da Igreja era por isso mesmo um inimigo da civilidade, um demolidor dos fundamentos do viver social. A este respeito, recordemo-nos de que os albigenses não eram pacíficos livre-pensadores; a intolerância deles era antes implacável. A difusão de suas organizações era mortal para a sociedade, cuja ruína pelas bases eles tramavam. Ademais, tenhamos em mente que a lei física: a cada ação segue-se uma reação igual e contrária, vale também no jogo das forças históricas. Se os albigenses atraíram a tempestade sobre si, foram eles a provocá-la com contínuas violências e sistemática deslealdade. No fim, eles caíram vencidos. E como os vencidos naturalmente suscitam um senso de comiseração, que às vezes se torna simpatia, quando não em exaltação, sem mais. Mas nós temos muitos documentos, sem equívocos possíveis, que nos proíbem de esquecer quem foram na realidade estes hereges, inimigos não tanto da Igreja, mas da humanidade. É justo ter pena deles, é estulto vê-los simplesmente vítimas da intolerância papal e da ambição dos reis franceses.

E quanto ao nosso Santo, qual o conceito que formara para si sobre os movimentos heréticos do século XIII? Um conceito asperamente negativo. "São ignorantes, escreve, vilões, trapalhões, curtidores de peles, que sabem somente uma coisa: ladrar contra a Igreja e cobrir os católicos de insultos." Hipócritas, "penetram nos lugares onde há pregação, e à força de escutar, aprendem a pregar também eles para enganar os seus adeptos".

Todavia, não encontramos no Santo a mínima alusão a recorrer à violência. A fé é adesão livre. Não é possível ser crente à força ou por medo. Na raiz de todos ou quase todos os amotinamentos medievais contra a Igreja oficial, encontramos um desejo de vida cristã mais sincera, consciente e intensa. Depois, o protesto se transforma em revolta e, insensivelmente a ânsia espiritual acaba sufocada por outras aspirações bem menos nobres. O combate de Santo Antônio não visa o proselitismo, mas sim iluminar quem vive nas trevas, ajudá-lo a sair da lama de uma existência viciosa, para elevá-lo a uma conduta digna de um filho de Deus.

Basta ler a bela prece que ele compôs para o pregador: ela nos revela como era puro o seu espírito cristão, longe de qualquer interferência política, movido unicamente por dorido amor: "Ó Senhor Jesus, considera bem o teu testamento, que quiseste confirmar com teu sangue. Dá-nos falar a tua palavra com fidelidade. Não abandones as almas dos teus pobres, que tu redimiste, e que fora de ti não têm outra herança. Sustenta-os, Senhor, com a tua força, porque são os teus pobres. Sê guia para eles. Não os abandones, porque sem ti se perderiam, mas conduze-os até o redil, para que, perfeitamente unidos a ti, possam chegar a ti, fim supremo".

Força e suavidade

Em vista do silêncio das fontes, não nos é possível reconstituir o itinerário antonino na terra de França. Muitas são as localidades onde permaneceu mais ou menos longamente. Vamos passá-las resumidamente, realçando o trabalho apostólico cumprido pelo Santo.

Montpellier e Tolosa eram cidades universitárias. Elas foram preferidas por Antônio, por causa do ensino, como anteriormente escolhera a douta Bolonha, e como em seguida montará o seu quartel general na não menos douta Pádua. Ele queria abordar a juventude estudiosa, que seria em breve guia daquela sociedade cristã, a classe dirigente, se não política, pelo menos cultural e civil. E nestas mesmas cidades ele fundou os primeiros centros de estudos da Ordem franciscana, alternando cátedra e púlpito, pregação e aulas.

Em Montpellier teria acontecido um milagre estrepitoso, chamado *bilocação*, ou seja, presença contemporânea em dois lugares diversos. Enquanto pregava durante uma festa solene, talvez a Páscoa, a um auditório apinhadíssimo de clero e povo, Antônio, dono de belíssima e robusta voz, lembrou-se de que naquela mesma hora deveria estar presente entre seus confrades para cantar o

Aleluia. Então, inclinou a cabeça sobre o púlpito e se calou. Neste entretempo, os frades o viram no meio do coro entoando o glorioso Aleluia da Ressurreição. Pouco depois, levantou a cabeça e retomou a pregação interrompida.

Ainda em Montpellier, aconteceu que um jovem frade, passando a não gostar mais da vida no convento, de lá fugiu, levando junto um livro muito caro a Santo Antônio, que dele se servia para o seu ensino. Uma aparição infernal teria bloqueado o caminho do pequeno ladrão em fuga, constrangindo-o a retornar ao convento para restituir o precioso volume.[3]

Tolosa, capital dos hereges, também acolheu Santo Antônio por algum tempo. Este, além de dedicar-se ao ensino, como era de seu costume, manteve disputas públicas com o albigenses. A Le-Puy, ao contrário, exerceu o cargo de padre guardião. Quem leu I Promessi Sposi sabe que este é o título dos superiores dos conventos franciscanos. Duas predições, que pontualmente aconteceram anos e anos depois, ele fez naquela

---

3. Há quem veja nesta ocorrência, a origem da devoção a SA como "restituidor das coisas perdidas" — como vem invocado na sua *ladainha*. Um confrade historiador lembra que esta "especialização" do Santo se encontra no seu famoso *responsório*, rezado já antes de 1250 (*SA de Lisboa*, Fr. Ildefonso Silveira, OFM, Faculdades Franciscanas — Bragança Paulista, SP).

cidadezinha. A uma senhora grávida que lhe solicitava a bênção para o nascituro, revelou que o menino seria frade e depois, indo ao Oriente, tombaria como mártir de Cristo. A um notário, cuja vida era desavergonhada e plena de escândalos, ele predisse a conversão e subseqüente martírio em terra de infiéis.

No tormentoso período da cruzada anti-albigense, em Bourges, centro da França, reuniu-se um Sínodo, para o qual foi convidado também o Santo, cuja experiência e capacidade deviam ser largamente conhecidas. Era arcebispo de Bourges e primaz da região, Simone de Sully, que tivera como predecessor, de 1199-1209, um autêntico santo, canonizado um pouco antes, 1218: Guilherme de Nevers, sobrinho de Pedro, o Eremita. A santidade de Guilherme certamente não dispensava o seu sucessor de uma vida exemplar. Tudo indica que o arcebispo Sully pertencia àquela raça de prelados bem pouco à altura de sua missão, e contra os quais a audácia apostólica de Santo Antônio escreveu páginas incandescentes. Pertencendo a uma poderosa linhagem, Simone cuidava, talvez, bem mais dos seus direitos feudais, do esplendor da corte e da abundância dos seus tostões, do que da reforma da Igreja e de um teor de vida mais condizente com a de um sucessor dos Apóstolos.

Durante as sessões sinodais foi abordada a situação do cristianismo naquela região, certamente não muito florida. Os hereges nela penetravam, servindo-se como passaporte do mal exemplo dos prelados católicos, a que contrapunham a sua conduta austera. Santo Antônio se deteve escutando pacientemente os rios de palavras que fluíam das bocas dos presentes. O sínodo corria o risco de transformar-se em tensão acadêmica de oradores, deixando de lado a única questão que de fato urgia: decisões duras, provenientes de uma autocrítica sincera.

Quando lhe foi dada a palavra, ele não perdeu tempo com ociosas gentilezas. Atacou bruscamente o arcebispo Sully, o verdadeiro responsável, expondo, perante todo o clero, alarmado, as incoerências, as fraquezas, as culpas dele. Mas, mesmo na aspereza da denúncia pública, o Santo demonstrou uma amargura, um calor evangélico, que acabaram abrindo os olhos do arcebispo. Este, vencendo as mesquinhas reações do amor próprio, que nos torna a todos nós tão tolamente sensíveis e irritadiços, admitiu os próprios erros e prometeu começar imediatamente a tão invocada reforma, a partir de si mesmo. Ele, que se opunha (certamente sem vantagem para a Igreja) às novas Ordens de São Domingos e São Francisco, as quais forneciam as mais valorosas e adestradas milícias à verdade, consentiu em acolhê-los na sua diocese, com seguro proveito para as almas que Cristo lhe confiara.

"Raramente se recorra à repreensão, e mesmo assim só em caso de necessidade, e depois de nos corrigir a nós mesmos." Tal era o princípio enunciado por Santo Antônio, de acordo com suas convicções e experiências. Se ele ousou atacar um bispo, ele o fez porque a necessidade era imperiosa e premente o perigo. Ele o fez porque estava autorizado a dar a sua opinião sobre uma matéria que queimava. E ele o fez a tempo e no lugar certo, depois de preparar as suas palavras com o exemplo de um apostolado inteligente e infatigável, inspirado exclusivamente na glória de Deus e no bem das almas.

Como nos mostrou o Pe. Samuel Doimi, ilustre estudioso do pensamento antonino — em uma monografia dedicada à doutrina sobre a pregação em Santo Antônio — o indispensável requisito de um verdadeiro pregador é, segundo o Santo, uma fala franca e enérgica. Franqueza exclui medo, covarde hesitação em tocar certos argumentos. "O pregador não deve poupar a ninguém da sua franqueza, nem por amor nem por temor, por reverência ou por vergonha, que porventura venha a ter." Assim dizia e assim fazia.

A Vita Prima, fazendo eco de outras fontes, anota: "Nenhuma consideração pessoal o dobrava nem buscava os aplausos dos homens; mas, segundo o Profeta, *"como um carro novo de debulhar trigo, armado de dentes de ferro que cortam à maneira de serra; tu calcarás e quebrarás os montes, e reduzirás a pó os outeiros"* (Is 41,15).

A espada cortante da verdade no punho robusto da caridade. Santo Antônio pertence à raça dos combatentes, repudia todo e qualquer cômodo pacifismo, afirma a verdade com aquele estilo intrépido que vemos vibrar em Jesus, em Paulo e ainda mais veementemente no "filho do trovão", São João. Pagando por isso pessoalmente.

Também Santo Agostinho, sempre em pé de guerra por amor à verdade, acabou escrevendo: "Jamais devemos provocar dissensões. A não ser que, como acontece às vezes, nasçam por caridade ou coloquem a caridade à prova. Não se encontra facilmente alguém que aceite em paz ser repreendido. E onde estaria aquele sábio do qual está escrito: *Corrige o sábio e ele te amará?* (Pr 9,8). Será que por este motivo não devemos mais reprovar ou censurar um irmão, para que ele não caia aturdidamente em ruína? Pode suceder, e sucede freqüentemente, que o repreendido se sinta mal e sofra naquele momento e até resista, mesmo brigando. Mas, depois, começa a refletir consigo mesmo no silêncio, onde não há outro a não ser ele e Deus, e então não temerá mais fazer péssimo papel diante dos homens por ter sido criticado, mas temerá sim desagradar a Deus por não se corrigir e não executar o que lhe tinham intimado na repreensão. E no entanto, comece a amar aquele irmão que o reprovou, no qual, agora, ele reconhece, sim, um inimigo, mas do seu mal..." (Carta 210,2).

Santo Antônio não temeu ser forte. Mas era uma força corrigida pela paciência, pela mansidão e pela prudência. O pregador deve "suportar com paciência e com alegria" as provas que o assaltam. "Quando proclama a palavra de Deus, deve chocar duramente os corações dos pecadores; mas quando o pregador se torna alvo dos insultos, deve ser doce e afável." A sua força era embebida de suavidade, por isso sabia penetrar as almas, mesmo as mais indóceis.

O sigilo de Francisco

O sínodo de Bourges teve lugar em novembro de 1225, presidido pelo legado pontifício cardeal de Sant'Ângelo. A imponente assembléia se compunha de seis arcebispos, mais de cem bispos, numerosos prelados do clero secular e regular, representantes da nobreza e, em áspera contenda, Amauri de Montfort e Raimundo

VII de Tolosa, que reinvidicava a possessão da referida cidade. Juntamente com a pacificação religiosa do sul, foram amplamente debatidas, mas sem resultados apreciáveis, as questões sociais e militares conseqüentes às cruzadas. No meio a tal borrasca de interesses e rancores, a voz do Santo bem depressa deverá ter sido sufocada. A semente da palavra divina não pode dar frutos se cair entre os espinhos.

À notícia de Santo Antônio feito guardião de Le-Puy, se enlaça aquela da sua eleição para "custódio" (superior de um grupo de conventos) do limosino. Quando aconteceu esta nomeação, que possivelmente terá ocorrido depois de sua permanência em Le-Puy? Em 1226, na cidade de Arles, ainda riquíssima de monumentos e memórias romanas. Leiamos, porém, o que nos diz frei Tomás de Celano, o não superado biógrafo de São Francisco:

"Uma vez, frei João (Bonelli) de Florença, nomeado pelo próprio São Francisco provincial da Provença, celebrava um capítulo dos frades na sua província. O Senhor então lhe deu a graça de falar com tanta eloqüência, que todos pendiam dos seus lábios benévolos e atentos. Entre os presentes se encontrava um frade sacerdote chamado Monaldo, ilustre pela fama e santidade. Sua virtude, fundada sobre a humildade e robustecida pela oração freqüente, era protegida pelo escudo da paciência. Tomara parte daquele capítulo também frei Antônio, cuja mente o Senhor abrira para que interpretasse as Escrituras e pregasse Jesus a todo o mundo, com palavras mais doces que o mel.

Ora, enquanto este último pronunciava inflamado discurso aos frades, sob o tema: *Jesus Nazareno Rei dos judeus,* frei Monaldo olhou na direção da porta e, com seus próprios olhos, viu o bem-aventurado Francisco que, pairando no ar, com os braços abertos em forma de cruz, abençoava os seus frades. Todos os presentes pareciam repletos da consolação do Espírito Santo e, por causa da alegria experimentada, acharam bem plausível o que ouviram sobre a visão e a presença do glorisíssimo Pai" (I C - 48).

De Assis, Francisco, na vigília de receber a recompensa eterna, acompanhava com afeto e oração os seus frades espalhados pelo mundo tempestuoso, levando paz e bem por toda a parte. Seguia com maior atenção e alegria o apostolado de Antônio, por mais árduo e empenhativo. A página acima reproduzida foi escrita dois anos depois do acontecimento narrado, ou seja, no ano de 1228, por ocasião da canonização do Poverello. Ela nos demonstra como era alta a estima de que gozava Santo Antônio no seio da família franciscana, para desencanto da vigilante modéstia do Santo. Ele não se sentiu lisonjeado absolutamente ao encontrar tal louvor reservado a ele, ainda vivo, na biografia oficial de São Francisco.

Não é arriscado conjeturar que foi durante o referido capítulo de Arles que Antônio recebeu sobre os ombros o pesado encargo de "custódio". Além do empenho sem descanso em reanimar na fé as populações, tocava-lhe agora a sobre-intendência de um pequeno grupo de conventos, sustentar-lhes o fervor, recrutar novos religiosos, abrir outras casas.

O rei Luís VIII morreu prematuramente no mesmo ano de 1226. Com isso, a situação no sul começou a serenar-se. Depois do golpe que sofreram, os albigenses perderam muito da antiga arrogância. Tornam-se então mais fáceis os trabalhos para promover o bem espiritual, e Santo Antônio os assume com aquele ímpeto lúcido que lhe é próprio. Dois excelentes cronistas, o beneditino Pedro Caral e o dominicano Bernardo Gui, nos informam como, no decurso daquele ano, o nosso Taumaturgo recebeu, fixadas algumas condições, um *lugar*, uma residência para os frades, nos terrenos dependentes da abadia beneditina de São Martinho, de Limoges. Os filhos de São Bento se tornaram grandes benfeitores do franciscanismo desde seu nascimento em Assis. Deram ao Poverello a capelinha de Santa Maria dos Anjos, nas planuras assisienses. A Antônio cederam, sob condições que ignoramos, um terreno deles para que lá instalasse um ninho para os seus minoritas. O Santo não era um ingrato. Hospedando-se na abadia de Solignac por causa de uma indisposição, ele curou milagrosamente o monge enfermeiro da comunidade, agitado por violentas tentações, aconselhando-o a revestir-se do seu burel franciscano.

Em Limoges, Santo Antônio fez um grande sermão no cemitério de São Paulo. Um cronista nos conservou o tema tratado na ocasião, extraído naturalmente da Bíblia: *Ad vesperum demorabitur fletus et ad matutinum laetitia*: *a tarde será dominada pelo pranto, a manhã pela alegria* (Sl 29,6). Nos "Sermões", encontramos esta pregação condensada: ela revela o sentido cristão da morte. Ao crepúsculo da vida, enublado de tristeza, segue-se a manhã gloriosa da eternidade.

Como hóspede dos beneditinos, deu-lhes uma conferência que foi toda um vibrante elogio da vida monástica, tomando como fonte de inspiração de novo um versículo do salmo: *Quem me dará as asas da pomba, e eu voarei para o lugar da quietude?* (Sl 54).

As igrejas da cidade, como acontecia antes e depois para os outros santos evangelizadores, não tinham capacidade para acolher as massas que acorriam para escutá-lo. Certamente não deverá tropeçar na pronúncia da harmoniosa língua d'*oc* em que poetavam os últimos trovadores, a língua de que também se servia Francisco nas horas de exultação espiritual. Os bons provençais, sobretudo, deveriam sentir-se orgulhosos vendo e escutando um estrangeiro que se exprimia com tanta desenvoltura no seu idioma. Foi escolhida a praça do mercado, que surgiu sobre a área de uma antiga arena e por isso foi chamada *"Fovea de Arenis"*, Cova da Arena. Frei João Rigauld, a quem devemos muitas notícias sobre os anos de permanência de Antônio no limosino, atesta ter ouvido na juventude que durante uma pregação estourou um temporal. Os presentes, tomados de pânico, levantaram-se para procurar refúgio. Mas o Santo lhes assegurou que nem uma só gota cairia naquela igreja ao aberto. E assim aconteceu. Torrentes de chuva crepitaram em todo o redor, enquanto Antônio, tranqüilamente, prosseguia o seu colóquio com os ouvintes.

Em vez de nos entreter sobre milagres, que tanto edificavam nossos avós quanto nos deixam hesitantes a nós, de uma geração mais cética, escutemos o que nos diz o mesmo

Rigauld: "Os homens de letra admiravam nele a agudeza de talento e a bela eloqüência. Cada palavra era atentamente pesada. Ensinando a verdade, satisfazia a todos; grandes ouvintes ou pequenos, a todos atingia igualmente com a sua palavra. Calibrava a sua fala para ajudar as pessoas, de modo que o errante abandonava a estrada enganosa, o pecador sentia-se arrependido e mudado, o bom era estimulado a melhorar, de tal modo que ninguém se afastava descontente".

O Santo fundou ainda um outro convento nos arredores de Limoges, precisamente perto de Brive, num lugar solitário e selvagem, ideal para um eremita. No fundo do coração, este homem todo empenhado numa atividade febril, foi sempre um eremita. E toda vez que conseguia um parêntese ou uma margem de repouso, abandonava-se à solitude orante e penitente. Eram suas lágrimas de pena pelos pecados do mundo, as suas orações incessantes, as suas privações austeras, que davam ao seu falar aquela carga irresistível. "Todas as vezes que estive no meio dos homens, de lá retornei menos homem", lemos na Imitação de Cristo. Pessimismo de um velho monge aborrecido do mundo? Até que poderia ser. O que de fato nos importa é dar uma olhada em certos cantinhos da nossa vida: será que jamais passamos pela mesmíssima experiência?

Basta ter uma alma sensível, e os contatos com os outros se tornam fontes de mal-estar, de íntima laceração. "Os outros" não nos permitem ser autenticamente nós mesmos, nos forçam a ser como eles querem. Então, deixamo-nos condicionar pelas idéias deles, entrando no jogo-ambiente. E eis que já não somos nós mesmos, e o nosso rosto acaba encoberto por uma máscara invisível, mas que nos entristece.

E quando, livres, retornamos a nós mesmos e cai a máscara, sentimo-nos vis e traídos. "Os outros" não se interessam por nós, não nos amam, e não nos aceitam assim como somos. Buscam, para não dizer exigem, aquilo que não somos. E chegam momentos em que a alma, perdida, prefere sair incógnita pelas estradas, desconhecida entre desconhecidos. Não conheces quem caminha a teu lado, ele vem e tu vais, indiferentes um pelo outro. Mesmo assim, te dá ao menos um benefício o fortuito companheiro de viagem: te deixa livre, não te impõe as suas exigências, não pretende mudar-te, metendo-se na tua vida...

Mas que triste manobra estratégica esta de querer salvar a própria autenticidade, cortando as pontes com "os outros". É a confissão de uma derrota. Volta-se menos homem dos contatos com o próximo, porque não sabemos amá-lo com coragem, com desinteresse. Não falamos de compreensões impossíveis, de insanáveis diversidades, de incompatibilidades e semelhanças: digamos mais sinceramente, falta de amor. Santo Antônio, porém, amava; para ele não existiam "os outros", mas irmãos; a vida deles confluía na sua, e a sua vida redundava na deles. Quem ama, quando se encontra entre os irmãos, é dominado pela ânsia de compreendê-los, de estimá-los, não obstante qualquer dificuldade. Deixa a todos a precedência, busca como servi-los. Por isso, quando se retirava do meio dos homens, Santo Antônio não retornava menos homem: pelo contrário, ele se multiplicava em favor daqueles que amava.

Certamente, não buscava a solidão para sacudir o dorso de rancores, insucessos, contrariedades. Procurava-a, sim, para renovar-se no amor, na paciência, na coragem.

Pela tardezinha de 3 de outubro de 1226, morria São Francisco. A notícia foi comunicada a toda a Ordem por frei Elias, mediante uma circular que Antônio pôde ter sob seus olhos: "Ao caro irmão em Cristo, Gregório, ministro dos frades que estão na França, e a todos os seus frades e nossos, frei Elias, pecador, envia sua saudação. Antes de começar a falar, suspiro e choro; as minhas lágrimas são como água que inunda, porque aquilo que eu temia me golpeou e golpeou também a vocês, e aquilo que me apavorava, aconteceu e aconteceu também para vocês. Ai de mim, para longe de nós partiu o nosso consolador, aquele que nos carregava como cordeiros nos seus ternos braços. Ele peregrinou para longínquas regiões; o amado de Deus e dos homens foi acolhido na suprema morada de luz, aquele que nos ensinou a lei de vida e a aliança de paz. Por ele, devemos alegrar-nos vivamente mas, por nós, devemos angustiar-nos vivamente, pois, privados dele, ficamos imersos nas trevas e oprimidos pela sombra da morte... Chorem comigo, irmãos, como eu choro com vocês: estamos órfãos, a luz dos nossos olhos não brilha mais para nós..."[4].

Elias permaneceria como lugar-tenente geral até 30 de maio de 1227, quando o capítulo deveria reunir-se em Assis, do qual se esperava a eleição do sucessor de Francisco. Na sua qualidade de custódio, o nosso Santo deveria estar presente.

Ministro provincial

Uma vez que nenhuma fonte se dignou transmitir-nos notícia ao menos da presença

4. Trata-se do primeiro documento escrito da história da Ordem Franciscana, densamente entremeado de citações bíblicas, suprimidas em nossa versão (*SF de Assis — Escritos*, Vozes, p. 1.041s.).

de Antônio em Assis, durante a grande reunião de 1227, resta-nos somente recorrer a sensatas conjecturas. A Regra obrigava a todos os ministros e custódios a participar da eleição do cabeça supremo da Ordem seráfica. O Santo não tinha motivos plausíveis, ao que sabemos, de eximir-se daquela obrigação.

Por via marítima ou a pé, ele chegou à Úmbria, toda esplendente de primavera. A primeira saudação a reservou à Tumba do Poverello, arranjada provisoriamente na igreja de São Jorge, sede da paróquia do Santo de Assis, onde o pequeno Francisco fizera seus estudos e onde, junto com seu primeiro companheiro, Bernardo de Quintavale, consultara o Evangelho para conhecer as leis da nova vida.

A escolha do sucessor de Francisco se apresentava muito difícil. No giro de quinze anos a Ordem crescera enormemente, diria, tumultuosamente, semelhante às águas de uma torrente na primavera. O altíssimo ideal descoberto e vivido pelo Seráfico não poderia tornar-se o clima normal de uma grande massa. O entusiasmo inicial, a adesão fervorosa dos principiantes acabam dando lugar à cinzenta monotonia do rotineiro. O contínuo e generoso sacrifício de si mesmo requer um empenho ardente, uma dedicação incansável que somente poucas almas sabem oferecer. Mas, mesmo deixando de lado o grupo dos medíocres, profundos motivos de dissensão se haviam instalado na Ordem franciscana. Desta crise nasceram duas "correntes" destinadas a longa vida e lutas acesas. Tal contraste agitava também o Poverello (basta ler seu Testamento espiritual), mas ele soube, se não suprimi-lo, pelo menos mantê-lo com cuidado e aplacá-lo. Depois de sua morte, o germe, espalhado por toda a parte, desenvolveu-se e se exacerbou rapidamente.

De uma parte, havia quem desejava permanecer rigidamente fiel aos exemplos e aos preceitos de Francisco, mas, uma tal fidelidade trazia consigo algo de obstinado, de indiscreto, de faccioso, com o perigo de cristalizar-se na amargura e no protesto, longe da realidade, que muda constantemente. De outra parte, almas igualmente generosas se orientavam para uma interpretação mais maleável e realista da mensagem franciscana, convencidos de que nenhuma instituição pode ser verdadeiramente fecunda se não se mantém atual, se não se adapta sabiamente às circunstâncias.

A primeira corrente enfrentava o risco de tornar-se estéril na secura de uma fidelidade servil, de um rigorismo magoado, alérgico a uma visão serena das pessoas e dos problemas. Ao contrário, a segunda corrente se expunha ao risco de desviar-se da pobreza sincera dos primórdios para descer na busca de compromissos com a vida cômoda, disfarçando, sob o pretexto de atualização (agiornamento), uma concessão toda burguesa do empenho cristão.

O nosso Santo viveu no meio deste drama, que depois de sua morte terá um desenvolvimento tormentoso e exacerbado. Qual teria sido a sua posição em meio às correntes acima assinaladas? Por temperamento e formação, ele não se submetia, certamente, a esdrúxulos compromissos, conforme o que já temos visto. Mas na sua espiritualidade, ele aborrecia os excessos dos exaltados. A sua vida era uma feliz mescla entre o ideal ascético e apostólico. O seu espírito era bastante aberto e fermentado do senso eclesial, para evitar as arenas das disputas e fossializar-se num passado, glorioso, sim, mas necessitado de novas orientações e desenvolvimentos. Não fora ele que, depois da *revelação* de Forli, abrira à Ordem o caminho dos estudos, imprescindíveis para um apostolado verdadeiramente eficaz no meio dos hereges? Esta iniciativa tinha sido um audacioso progresso e uma providencial evolução para o movimento franciscano.

Desde 1221, regia os caminhos da Ordem frei Elias de Assis, na qualidade de vigário (o que fazia as vezes de Francisco).

Têmpera genial de organizador, ele era ternamente devotado a Francisco, pelo qual era correspondido com uma afetuosa confiança, embora os dois homens fossem muito diversos de espírito e de métodos. Todavia, no capítulo de 1227, os convocados preferiram confiar a responsabilidade sobre a Ordem a frei João Parenti, homem de experiência segura e provado equilíbrio. Como provincial da Espanha ele acolhera nosso Santo na Ordem. Graças à sua prudência e lealdade, garantia conduzir a numerosa família seráfica com iluminado equilíbrio, naqueles anos críticos do seu desenvolvimento.

Havia outros nomes. O nosso Santo, benemérito por haver propagado a Ordem na França e largamente conhecido pelos seus dotes intelectuais e pela sua vida santa, foi escolhido como "ministro provincial" ou superior da Emília. Sob o título de Emília, ou de Lombardia ou de Romanha, os franciscanos daquela época compreendiam grande parte daquela região que, do leito do Pó, se estende e se alarga em leque na direção do arco da cadeia dos Alpes. Trata-se da moderna Itália setentrional, território densamente povoado e operoso, rico de centros habitados e de férteis planuras. Na época de Antônio, porém, aquela área se apresentava comprometida pelo recrudescimento da heresia e da usura, bem como pelos venenosos contrastes políticos.

O fradezinho português, que seis anos antes ninguém conhecia e ninguém quis levar consigo, agora entrava nas esferas oficiais da Ordem. Da gravidade da missão que lhe fora confiada, podemos deduzir a alta estima de que gozava. Aquele que governa exerce, direta ou indiretamente, profundo influxo sobre os súditos, bem como sobre as próprias instituições. Tomemos uma comparação do campo da magistratura: não são as leis, embora boas, que têm a última palavra, mas a capacidade e a honestidade do juiz. O mesmo se dá com as normas que regulam um instituto religioso: por sábias que sejam, pouco irão ajudar se quem é chamado a personificá-las, a aplicá-las, a interpretá-las, for privado de bom senso, de retidão e de força moral. Se as regras permanecem sempre as mesmas, o mesmo não se dá com as circunstâncias e as pessoas, que mudam sempre. O que conta é o espírito das estruturas.

Como teria Santo Antônio correspondido aos seus novos deveres? Como de costume, os cronistas antigos respondem laconicamente. *Benignitas*, uma biografia do Santo do fim do século XIII, testemunha: "Na província de Romanha, por vários anos, com louvor, prestou serviço aos irmãos, e, embora superasse qualquer homem da Itália na eloqüência e doutrina, todavia, no ofício de prelado, se mostrava admiravelmente cortês". "Governava os seus frades com clemência e benignidade" — faz eco um escritor daquela época. E João Rigauld: "Eleito superior, não parecia superior, mas companheiro dos frades; queria ser considerado um deles, e até mesmo inferior a todos. Quando viajava, concedia a preferência ao seu companheiro... E, pensando que Cristo lavou os pés a seus discípulos, ele também lavava os pés dos seus frades e se empenhava em manter polidos os utensílios da cozinha..."

Para iluminar este aspecto das atividades antonianas, muito ajuda o abundante material semeado nos sermões do Santo, que recolhido e ordenado, forma um tratado prático, pungente, dos deveres do dirigente. São observações, admoestações, repreensões que, embora sob a aparência severamente impessoal buscada pelo Autor, palpitam de vida vivida e podem até ser consideradas apontamentos para um involuntário auto-retrato.

Considerando que, como nota Montaigne, "é belo aprender a teoria daqueles que conhecem bem a prática", vamos referir algum fragmento, alguma migalha deste acervo, infelizmente, não na sua língua original, e bem por isso sem aquele aroma estilístico tão eloqüente por si mesmo.

"Para este fim — diz ele — é que se elege um prelado na Igreja, para que derrame sobre os outros tríplice misericórdia. Três vezes disse Jesus a Pedro: — Apascenta as minhas ovelhas. Nem sequer uma vez disse: — Tosa-as. Apascenta-as com a palavra da pregação, com a ajuda de uma devota oração, com a generosidade de benefícios." "Eis: a vida do prelado deve refulgir de íntima pureza; deve ser pacífico com os súditos, que o superior há de reconciliar com Deus e entre si; de modéstia, ou seja, de costumes irrepreensíveis; seja pleno de bondade para com os necessitados. Na verdade, os bens à disposição dele, excetuando o necessário, pertencem aos pobres e se não lhos doa generosamente, torna-se um rapinador e como tal será julgado. Deve governar sem fingimento, sem parcialidade. E carregar ele mesmo a penitência que tocaria aos outros..."

"Que vos agrade mais ser amado do que temido. O amor torna doce mesmo as coisas ásperas e leves as coisas que pareciam impossíveis de carregar; o temor, porém, torna intolerável até as coisas leves."

Árduos e não poucos os dotes dos que têm o encargo de guiar os outros nos caminhos de Deus. "Sábio, humilde, forte seja o prelado que quer reger bem o povo que lhe foi confiado". E ainda: "Saibam os prelados revestir de prata as suas palavras, com a humildade de Cristo, ordenando com benignidade e afabilidade, com previdência e compreensão. Porque não é no vento poderoso, nem no abalo do terremoto, nem no incêndio que se encontra o Senhor, mas no sussurro de uma brisa suave, é onde o Senhor está". À semelhança de Jesus sobre o Tabor, transfigurando-se diante dos súditos, unindo mansidão e austeridade, severidade de pai e ternura de mãe. Os seus olhos devem irradiar simplicidade e inocência. E, quanto mais o assaltem as tribulações, tanto mais luminoso se torna...

A Regra franciscana obriga os provinciais a visitar os conventos e os religiosos a eles confiados: "Os frades, que são ministros e servos dos outros frades, visitem e admoestem os seus irmãos e os corrijam com humildade e caridade". Como seria belo poder acompanhar o Santo de cidade em cidade, de terra em terra, visitando os seus súditos, que, numa região vasta como aquela, deveriam ser de várias centenas. Será que os nossos antepassados foram tão alérgicos ao papel e à tinta? Ou será que os documentos naufragaram no mar profundo dos séculos? Feliz exceção perfazem os paduanos, que, não o último entre tantos méritos, deixaram-nos notícias bem precisas e relativamente abundantes sobre a permanência de Antônio na sua cidade.

Das paradas que ele fez por dever de ofício em muitas outras partes, não nos restam mais que frágeis lendas, ou tardias reivindicações ou nostálgicas conjecturas. E se leve em conta a presença de conventos franciscanos, naquele período de tempo, nos principais centros da Emília e Romanha, da Lombardia, das Venezias. Ademais, outros conventos se orgulham de terem sido fundados pelo Santo, como: Triestre, Pola, Muggia, Parenzo, na Ístria; Gemona e Gorízia, no Vêneto; Como e Bienno, na Lombardia. Durante o provincialado de Antônio, Gregório IX, com apropriado documento, datado de 20 de outubro de 1227, tomava sob sua proteção a então igrejinha de São Donato, vizinha à ponte de Basano, que fora doada aos franciscanos por Ezelino, o Monge.

Bem cedo, acompanhado de um confrade, o Santo já caminhava pelas estradas. Sem alforge, porque cabia à Providência preparar-lhes o necessário. Sem dinheiro, miseravelmente vestido, sempre a pé, com bom ou mau tempo. São Francisco ordenara: "Aconselho, convido e exorto os meus frades no Senhor Jesus Cristo: quando vão pelo mundo, não se metam em litígios nem contendas e não julguem os outros; mas sejam mansos, pacíficos, modestos, mansuetos e humildes, e falem a todos com conveniente dignidade. E não andem a cavalo, a não ser constrangidos por evidente necessidade ou enfermidade. E nas casas em que entrarem, digam, antes de tudo: — Paz a esta casa!"

Em geral, será recebido pelo povo com bondade, mas não faltará quem o acolha com zombarias, ou mesmo expulsando-o com palavras ásperas. Finalmente, começa a aparecer no horizonte o convento onde permaneceria. Os frades o avistam e vão-lhe ao encontro, festejando. Como é que se desenrola a visita? Qual seria o conceito franciscano de autoridade e do seu exercício? Ninguém poderá melhor responder do que o próprio Poverello. De acordo com o que nos transmite Celano, eis as recomendações que ele fazia a respeito:

"De manhã, bem cedo, (o ministro) deve celebrar ou assistir à Missa e com prolongada oração, recomende-se a si mesmo e ao seu rebanho à proteção divina. Depois da oração, coloque-se à disposição dos frades num lugar acessível a todos, pronto a deixar-se importunar e aborrecer por todos, bem como a responder a todos, atendendo a todos com toda mansidão. Seja atencioso tanto com os menores e simples quanto com os doutos e maiores.

"Embora lhe seja permitido um bom nível de cultura, todavia, lembre-se antes de tudo de manter-se simples nos costumes e no trato, favorecendo assim a virtude. Tenha horror pelo dinheiro, principal fonte de ruína da nossa profissão e perfeição; tendo consciência de representar uma Ordem de pobres e de dever dar o bom exemplo aos outros, não se permita abuso algum neste ponto. Não seja apaixonado recolhedor de livros, nem por demais empenhado no estudo e no ensino, para não prejudicar o exercício do seu encargo de provincial.

"Seja um homem capaz de consolar os aflitos, preparado para ser o último refúgio dos atribulados, evitando que os enfermos caiam no desespero, por falta dos remédios oportunos para curá-los. Para dobrar os insolentes à mansidão, não se envergonhe de humilhar-se e rebaixar-se a si mesmo, renunciando mesmo a um direito seu, para ganhar-lhe a alma..."

Queria São Francisco que os superiores fossem "tão benévolos e complacentes, que os culpados não temessem recorrer à compreensão deles. Ele os queria moderados no mandar, propícios nas ofensas, prontos mais a suportar do que a revidar as injúrias, inimigos dos vícios mas médicos dos viciados; queria que a vida deles fosse espelho de disciplina para os outros; mas queria também que fossem cercados de toda honra e afeição, porque são eles que carregam o peso das preocupações comuns e fadigas..." (v. II C-185-186).

Portanto, uma missão bem dura pesava nas costas do Santo. Sabemos que se portou com paciência e com vigor, sem poupar-se. O que o tornou dileto dos homens e de Deus, mas foi ruína para a sua pobre saúde.

PAZ E BEM

Oh! se tu tivesses visto, certamente chorarias!
Vaidade e falsidade se enfurecem
e juízos iníquos contra os pobres,
e tantas lágrimas de inocentes não encontram consolador.

Se os opressores fossem seres humanos,
saberiam consolar;
mas como são leões, não homens,
então afligem os pobres,
privados de qualquer auxílio humano,
e impotentes para resistir à violência.

Santo Antônio

Na corte papal

Para Assis e para os franciscanos, 16 de julho de 1228 é uma das datas inesquecíveis. É a celestial canonização de São Francisco. Constrangido por uma sedição a abandonar Roma, o papa Gregório IX se refugiou na cidade seráfica, onde pessoalmente presidiu o processo para a canonização de Poverello.

Julho 16, dia "que permanecerá venerando em todo o tempo e que envolveu numa onda da mais intensa alegria a terra e o céu" — como escreveu Tomás de Celano, testemunha ocular — o Pontífice pronunciou um vibrante elogio a São Francisco, escutou a leitura dos milagres realizados por intercessão dele e proclamou santo o Estigmatizado. "Para louvor e glória de Deus onipotente, Pai, Filho, Espírito Santo; da gloriosa Virgem Maria, dos santos apóstolos Pedro e Paulo, e para a honra da gloriosa Igreja Romana, venerando na terra o beatíssimo Pai Francisco, que o Senhor já glorificou nos céus; tendo ouvido o conselho de nossos irmãos (os cardeais) e de outros prelados, decretamos que o seu nome seja incluído no catálogo dos santos". Ao solene anúncio, segue o canto jubiloso do Te Deum. Em meio ao entusiasmo de inumerável massa de povo, o papa Gregório celebra a Missa, cercado de verdadeira multidão de frades, provenientes de todas as partes da Europa.

No dia seguinte, com grande pompa, o Pontífice abençoa a primeira pedra da basílica destinada a guardar o corpo do novel santo. O encarregado de dirigir os trabalhos da construção era frei Elias, a mão direita de São Francisco. Possivelmente são dele as admiráveis formas arquitetônicas do templo.

Ignoramos se Antônio esteve ou não presente às cerimônias. Nós o encontramos certamente em Assis, dois anos mais tarde, quando, aos 25 de junho de 1230, terminaram, com ímpeto febril, a construção da basílica inferior. Para lá foram transladados os restos mortais de São Francisco, até então conservados na igreja de São Jorge.

Gregório IX, impedido pelos penosos acontecimentos causados pelo conflito com Frederico II, não pôde estar presente, mas fez-se representar por três legados, saudando o faustoso evento com a Bula *Mirificans misericordias*. "Em meio às tribulações que nos angustiam — diz ele — temos, todavia, motivo de nos alegrar e de render graças a Deus, pensando na glória concedida ao beato Francisco, pai nosso e vosso, e talvez mais nosso que vosso... Por isso nos sentimos sempre mais animados em escolher louvores a tão grande santo, convencidos de que, assim como nos demonstrou afeto neste mundo, queira amar-nos ainda mais agora, que se encontra unido a Jesus Cristo, amor infinito, e queira continuar a interceder por nós...".

Mas a gloriosa cerimônia foi perturbada por um tumulto, provocado por uma decisão de frei Elias, certamente sábia em si, executada, porém, sem consultar nem pré-avisar o Pontífice e os superiores da Ordem. De acordo com as autoridades da comuna (prefeitura), quando o sarcófago de pedra que continha os restos de São Francisco, depois de atravessar a cidade em meio ao júbilo dos presentes, atingiu a entrada da nova basílica, frei Elias mandou afastar a multidão e até os frades, ansiosos de venerar os sagrados espólios e presenciar o sepultamento. Trancadas as portas, na presença dos armados de Assis, o sarcófago foi baixado no coração da rocha, onde se encontra ainda hoje.

Elias e seus fervorosos concidadãos somente pretenderam evitar atos de fanatismo devoto e iludir não impossíveis golpes de mão, organizados por cidades vizinhas e descontroladas, desejosas de apoderar-se de tão venerável depósito. Muitas crônicas da época atestam audaciosos furtos de relíquias e brigas profanadoras em torno de corpos santos. Nós, hoje, nos exaltamos por bem outras coisas. Naqueles séculos de fé ingênua e agressiva, uma relíquia era considerada mais preciosa do que um tesouro.

O escândalo foi grande, os protestos uma avalanche. Rapidamente interferiu Gregório IX com uma Bula duríssima, que ameaçava de excomunhão o prefeito, o conselho e o povo de Assis, caso não aplacassem o ânimo enfurecido do papa, justificando-se daquele gesto impensado. Além disso, a Bula proibia os franciscanos de morar junto à Tumba do seu Fundador, não lhes permitia mais, dali por diante, celebrar seus capítulos gerais naquele lugar, que ficaria sob a jurisdição do bispo de Assis.

Como que fulminado por estes raios, frei Elias, o responsável pelo equívoco, foi constrangido a explicar as razões do seu modo de proceder. Considerando a gravidade dos motivos alegados, o Papa renunciou à aplicação das duras sanções ameaçadas pela Bula.

Foi neste ambiente esquentado que se desenrolaram as sessões capitulares, das quais o nosso Santo participou como ministro provincial. Constavam na ordem do dia os mesmos problemas de três anos antes, urgentes e emaranhados, por causa do desenvolvimento prodigioso e pouco ordenado do movimento franciscano. A Ordem deixara de ser a alegre cavalaria errante dos primeiros anos, mas era simplesmente massa. Passara o tempo das improvisações, das genéricas exortações de fidelidade à Regra: exigiam-se medidas de longo alcance, regulamentações autorizadas e precisas, fortes estruturas aceitas por todos.

Em primeiro lugar, urgia a organização dos estudos, envolvendo seus gastos. Ora, a espontânea simplicidade do espírito franciscano não os cobria. Impunha-se, pois, uma certa atenuação da rígida pobreza, sem prejuízo da pureza do ideal.

João Parenti, idoso e pouco dotado do carisma de governo, não parecia à altura da situação sem saída. Mais que nunca se fazia sentir a ausência insanável de Francisco, desaparecido aos 45 anos, enquanto a sua criatura estava enfrentando as tempestades da adolescência.

Houve debates e discussões, mas não se conseguiu acordo algum. A controvérsia foi transferida para Gregório IX, mediante uma comissão a ele enviada, formada pelos religiosos mais representativos.

Juntamente com o geral João Parenti, a comitiva era formada por frei Antônio; por frei Geraldo Rossignol, o penitenciário do Papa; frei Haymone de Faversham, futuro geral; frei Leão, mais tarde arcebispo de Milão; e freis Geraldo de Módena e Pedro de Bréscia. O fato de o nosso Santo ter sido um dos sete "grandes", indica bem o prestígio de que gozava perante a assembléia bem como a relevância da sua participação naquela crise. Lamentamos enormemente não conhecê-la. Que tendência ele representava em meio a tantas correntes? O inglês Tomás de Eccleston, autor de uma crônica franciscana em torno de 1258, que é sobre o assunto a fonte mais antiga, todavia suspeita em vista dos anacronismos e do espírito faccioso do escritor, apresenta Santo Antônio como encarniçado conservador, inimigo de qualquer adaptação por razoável que fosse. Cremos não estar longe da verdade pensando que o Santo, tão aberto na sua austeridade às exigências novas, tão rico de múltiplas experiências, protagonista da virada intelectual na Ordem, tenha mantido uma posição moderada, esquivando-se de toda forma de extremismo.

Aos 28 de setembro daquele ano, Gregório IX publicou a Bula *Quo elongati*, documento de primordial importância na história franciscana, com a finalidade de esclarecer "as coisas dúbias, obscuras ou difíceis contidas na Regra". Foi uma vitória do bom-senso: não se conserva a vida a não ser renovando-a.

O Pontífice deve ter levado em muita consideração a contribuição levada pelo Santo. Este, por sua vez, revelou à corte pontifícia a sua extraordinária cultura bem como suas eminentes virtudes. O mesmo papa Gregório o testemunha, dois anos depois, 1232, quando escreveu no documento da canonização de Antônio: "pessoalmente comprovamos a santidade e admirável vida dele, quando teve de morar, com grande louvor, perto de nós".

Sobre este período, as fontes da época, pelo menos esta vez, não são mudas e confusas. "O ministro geral da Ordem — refere-nos a Vita Prima — escolheu o servo de Deus Antônio para ir à Cúria de Roma tratar de um problema urgente da própria Ordem. Uma vez lá, o Altíssimo lhe concedeu o dom de um tal fervor junto aos veneráveis príncipes da Igreja, que tanto o Sumo Pontífice quanto a comissão dos cardeais, escutaram a sua pregação com viva devoção. E de fato, com fácil palavra, ele sabia extrair das santas Escrituras interpretações tão originais e profundas, que o próprio Papa o chamou de *Arca do Testamento* — um título todo pessoal. Verdadeiramente o seu discurso, adornado dos favores da graça, conseguia agradar, e não pouco, àqueles que o escutavam. Os anciãos se assombravam ao ver um homem tão jovem ensinando tão seguramente coisas espirituais a espirituais; os jovens se maravilhavam ao vê-lo arrancar com sabedoria as causas e as ocasiões de pecado e semear os costumes virtuosos com tanta precisão".

De um auditório assim solene, o Santo desceu para aquele outro de sua preferência: o dos simples fiéis. E deles conseguiu não menos frutos e admiração não menos ardente. Tanto que, não demorou muito, surgiu a lenda narrada pelos *Fioretti* (c. 39) da pregação dirigida a uma multidão de peregrinos provindos de todas as partes do mundo, e que ouviram a palavra de Antônio, cada um na sua própria língua nacional.

Quando retomou o caminho para o norte, ele se sentia mais tranqüilo. Durante o capítulo, conseguira exonerar-se do cargo de provincial, em razão de suas péssimas condições de saúde. Teve como sucessor frei

Alberto de Pisa. Quanto a ele, o geral concedeu-lhe plena faculdade de escolher a região que preferisse para entregar-se à pregação. Ademais, a corte papal, mediante o cardeal Rinaldo de Segni, o encarregara de compor uma coleção de Sermões sobre as festas do ano litúrgico.

No monte Alverne, ainda hoje se mostra uma gruta na qual, conforme antiga tradição, se instalara Santo Antônio durante uma parada na sagrada montanha dos estigmas. Talvez tenha subido até lá para respirar aquele ar ainda saturado da glória e do martírio do Poverello, antes de chegar a Pádua, última etapa de vida terrena.

Segunda pátria

O verão de 1230 já deveria estar passando, quando o nosso Santo alcançou Pádua. Trazia consigo a alegria de um outono fecundo e um dom, o dom de si mesmo, que a cidade esperava ansiosamente.

Amava Pádua e era amado. No triênio, como provincial, tivera ocasião de se hospedar na cidade vizinha aos montes eugâneos. Na periferia, erguia-se um mosteiro de clarissas, tendo a seu lado cômodos para hospedar os frades que prestavam assistência espiritual às "damas pobres". O bispo local, Iacobo

Corrado, que via o movimento franciscano com afetuosa admiração, deu ao Santo pequena terra situada fora dos muros, a sudoeste. Não demorou, e lá se formava um conventinho e se construía uma igrejinha com teto de canas. Deste modo os frades tentariam santificar-se e prestariam serviços ao clero secular e respectivo ministério.

Sobre o primeiro estágio paduano do Taumaturgo, nos informa Rolandino, um cronista contemporâneo: "Durante um ano, mais ou menos, as cidades da Marca trevisana gozariam de paz. Do declinar de 1229 aos primeiros meses do ano seguinte, não houve mais correrias, nem incursões armadas, nem insolências... Era tão grande a felicidade, a alegria entre o povo, que muitos pensavam que dali por diante não haveria mais transtornos nem guerras. Além disso, alguns religiosos reanimavam quase todo o povo com a pregação divina. E foi naquele tempo que chegou entre nós o beato Antônio, pregando em diversos lugares da Marca, com sua voz melíflua, a palavra de Deus..."

Aproveitando-se das estações "mortas", quando os trabalhos da terra se tornavam mais exigentes e os ouvintes rareavam, ele compilou então a sua obra principal: os Sermões Dominicais, fruto de uma aplicação não de meses apenas, mas de anos.

Voltaremos a este assunto no seu devido lugar.

Santo Antônio sentia-se atraído pela cidade, seja pela bondade laboriosa de seus habitantes e o proveito espiritual que tiravam do seu ensino, seja pela sua feliz posição. A ele, nascido e crescido no litoral do Atlântico, sem confins; a ele que experimentara as ardências do Marrocos; a ele que agüentou a cólera de uma tempestade em pleno Mediterrâneo; a ele que atravessou a pé os Alpes ocidentais, inacessíveis e cercados de ululantes tufões — a cidade vêneta deveria suscitar uma sensação de tranqüilidade, arrumadinha, numa planura fértil e mansa, num panorama todo verde e rico de águas, alterado apenas pelas ondulações dos eugâneos. Conta a nossa fiel Vita Prima, que, quinze dias antes de sua morte, estava o Santo no topo de uma colina e "contemplando a planura amena de Pádua, exultante no seu interior, tributava grandes louvores à posição da cidade".

É realmente notável que a simpatia do Santo pelo povo e pela terra paduana, mais de cinco séculos depois, tenha sido condividida com bem outro viajante: Wolfgang Goethe, que escreve no seu *Viaggio in Italia*: "Percorri o caminho de Vicenza a Pádua em quatro horas... Percorre-se uma planície fertilíssima, entre sebes e árvores, sem se ver outra coisa, até que se divisem, finalmente, à direita, as belas colinas que se estendem do este para o sul. A quantidade das plantas e das frutas, todas aquelas árvores, ao longo dos muros e atrás das sebes, não há como descrevê-la... Do mirante, pude gozar da estupenda posição da cidade: ao norte as montanhas do Tirol cobertas de neve e meio escondidas entre as nuvens; a noroeste as vicentinas, que se amontoam; enfim, na direção do ocidente e mais vizinhos, os montes de Este, cuja estrutura e sinuosidade são nitidamente distintas. Do lado do oriente e sul, é tudo um mar de verdura, sem sinal de colinas; árvores e árvores, moitas e moitas, plantas e plantas, casas brancas que não acabam mais, vilas e igrejas que espiam no meio do verde".

Poeta e Santo se mostram encantados, não tanto pela cidade, quanto pela sua posição. Um arauto da paz como Antônio, terá experimentado um calafrio de amargura observando de longe surgir uma Pádua povoada de um bosque de torres ameaçadoras em meio à indefesa e alegre natureza em redor.

Outro e bem maior motivo de predileção: a universidade, recém-nascida e fervente de vitalidade. Em 1222, o bispo patavino João Maltraversi foi enviado a Bolonha pelo papa Honório III para aplacar um dissídio entre os claustrais. De lá retornou com uma presa pouco comum: uma verdadeira procissão de professores e estudantes, que, descontentes com Bolonha, decidiram transplantar-se nas margens do Bacchiglione. Foi assim que, por cisão do centro de estudos bolonhês, surgiu o não menos célebre Studium Patavinum.

O Taumaturgo, que havia escolhido como centro de irradiação cristã os centros universitários de Bolonha, Montpellier e Tolosa, de bom grado consagrou as suas últimas forças à douta Pádua. Professores e estudantes foram, em vida, seus admiradores, e na morte, propugnaram pela glorificação do Santo.

Como vida política, a cidade de Antenor tinha mais ou menos os mesmos méritos e defeitos das comunas italianas do seu tempo. Abundavam os excessos, as liças entre nobres destituídos de poder e populares enriquecidos; toda cidade vizinha era considerada inimiga. O bem-estar não faltava: a agricultura, o artesanato, formas de comércio atraíam para dentro de seus muros guarnecidos de torres rios de ouro. E, criatura e símbolo da Pádua antoniana, ergue-se ainda hoje o soberbo Palácio da Razão, monumento mais grandioso e ornamento dos primórdios do século XIV.

Havia, porém, carência de concórdia e de paz. Em vão nos passadiços das torrezinhas estava gravada sobre a pedra a admoestação: "Ó descendentes de Antenor, se desejais não temer os inimigos de fora, que dentro vos mantenha abraçados uma paz cheia de amor; em vão se busca a sombra repousante das árvores, se o mal nos corrói e queima as vísceras...". Mas, os versos eram escritos em latim, e a epígrafe colocada muito alto.

Do lado dos pobres

O Santo não escolhera Pádua para lá retirar-se em santa paz, como se em torno dele já tivesse sido erradicada toda erva maligna. O dinheiro continuava a fazer os seus heróis e as suas vítimas, a usura serpenteava, os agiotas encontravam campo aberto para a sua cobiça, os humildes não conseguiam livrar-se dos abusos contínuos. "Os soberbos e os avaros deste mundo, a modo de prensa, esmagam e espremem os pobres e os necessitados. Sobre eles falou o profeta (Miquéias 3,2-3): *Arrancais violentamente a pele (ao povo) e a carne de cima de seus ossos. Comeram a carne do meu povo, e arrancaram-lhe a pele, e quebraram-lhe os ossos.* Estes tais não merecem que lhes anunciemos a palavra de Deus, nem devemos chorar por eles, porque nem a palavra dobra a dureza de seus corações, nem as lágrimas conseguem extinguir o fogo da sua cobiça." Àqueles que não querem arrepender-se, obstinados no mal, a pregação não lhes deve ser dirigida: quem a despreza torna-se indigno dela.

Ao proletariado camponês (os servos da gleba viviam em condições precárias), o industrialismo italiano do século XIII acrescentara turmas de proletários urbanos. Santo Antônio sente e sofre aquela nova forma de miséria, e se alinha na fileira dos pobres, não por sentimentalismo ou por interesses, mas por vocação. O movimento franciscano descobrira a Igreja e a Igreja dos pobres, dos abandonados, dos esfomeados, não a protetora dos opressores, a conivente com os violentos, por culposa omissão.

Escutemos, porém, suas próprias palavras: "As riquezas são espinhos que ferem e provocam perda de sangue; são animais ferozes os pérfidos usurários, que rapinam e devoram... Este mundo, cheio de amargura, está repleto de riquezas, de delícias; é bem larga a estrada que leva à perdição. É ampla, não para os pobres de Cristo, que entram pela porta estreita, mas para os usurários que já se apoderam do mundo todo com mãos rapaces... Raça maldita, cresceram fortes e incontáveis sobre a terra, têm dentes de leão. O usurário não respeita nem o Senhor, nem os homens; seus dentes sempre em movimento, prontos para roubar, esmagar e devorar os bens dos pobres, dos órfãos, das viúvas...

E vejam só, que mãos ousam fazer esmolas, mãos gotejando o sangue dos pobres. Existem usurários que exercem a sua profissão às escondidas; outros, abertamente, mas não em grande estilo, para parecer misericordiosos; outros, enfim, pérfidos, desesperados, o fazem do modo mais escancarado possível, em plena luz do sol".

"Estes infelizes nem percebem a realidade da vida, como nela entraram e como dela sairão: entrando nus — saindo envoltos numa roupa velha. De onde lhes vêm, pois, tantos haveres? Das roubalheiras e fraudes. O escaravelho recolhe muito esterco, e com muito trabalho o transforma numa bola (na qual a fêmea esconde o ovo); mas de repente passa um asno que mete seu casco em cima do escaravelho e sua imunda bolinha, esmagando, num instante, um e outro. De modo semelhante o avaro e o fraudador, com todas as forças acumulam o esterco do dinheiro e nisto se empenham sem parar, mas, à traição, chega o demônio e os estrangula. Então, a alma fica com os demônios, a carne com os vermes, as riquezas com os parentes. E o que é pior ainda: a tais miseráveis, não basta eles mesmos rejeitar e sufocar a boa inspiração de Deus, mas tudo fazem para expulsá-la também do coração da mulher e dos filhos. Se um pobre filho, tocado pelo temor do juízo de Deus e do inferno, se propõe viver honestamente, e o pai vem a sabê-lo, com todo o seu poder tenta afastar esta graça. Quantos males perpetram estes homicidas! Matam em si mesmos e nos outros o arrependimento e a recordação da paixão de Cristo".

Não se limitava a escrever, mas apregoava publicamente a torpe vida dos que viviam sugando o sangue dos outros. A imaginação popular fixou um quadro poderoso da luta de Antônio contra a sordidez moral destes miseráveis. Trata-se do famoso milagre do avaro, que inspirou a tantos artistas, entre eles o gênio de Donatello.

Um dia, pregava o Santo quando entre o povo se difundiu a notícia da morte imprevista de famigerado usurário. Antônio, vendo o auditório agitar-se e escutando a bisbilhotice, indagou sobre o que estaria acontecendo. Apenas o soube, num frêmito do mais fundo da alma, exclamou: — Considerai como se verifica a palavra do Senhor ao nos admoestar: *Onde está o teu tesouro, lá está também o teu coração* (Mt 6,21). Ide ver o cofre dele e encontrareis seu coração no meio do dinheiro!

Abriram então o cadáver do mal-vivido, mas em vão, porque não se encontrava lá seu coração, que acabou sendo descoberto no seu cofre-forte entre as adoradas moedas.

Sabe-se que através do confessionário e de contatos pessoais, o Santo encontrou meios de recolocar no bom caminho a muitos destes usurários. Sabia como interferir junto aos poderes públicos. Aos 15 de março de 1231, exatamente no fim da última quaresma, a comuna de Pádua emanou um estatuto "por solicitação do venerável Frei Antônio, da Ordem dos menores", em favor dos devedores insolventes, que, segundo bárbara usança do tempo, estavam encarcerados[5].

E que páginas pungentes nos deixou ele sobre a esmola, o meio então mais comum e fácil para "restituir" aos necessitados o

5. Este fato documentado me recorda o seguinte: eu me encontrava em Pádua e, indagando cá e lá sobre Santo Antônio, perguntei igualmente sobre a origem da fama de "casamenteiro" do nosso santo. Resposta: ele vivia em contato com as multidões, sobretudo os mais pobres; sensibilizou-se vendo moças impedidas de se casar por causa das exigências da lei do "dote". O incansável e profícuo Frei basílio Röwer, OFM, morador do vetusto convento de Santo Antônio — Rio de Janeiro, se refere à seguinte lenda: uma donzela de sincera vida cristã não conseguia casar-se por não possuir dote. Recorreu confiante a Santo Antônio. Das mãos da imagem do Santo caiu um papel com um recado assinado, a um prestamista, pedindo-lhe entregar à moça, em moedas de prata, o correspondente ao peso daquele papel. O prestamista obedeceu, sem mais: a balança somente se equilibrou quando as moedas atingiram o valor de um dote!.. Saborosa a lenda? Pois o frei a ela se refere como pintada na capela-mor da igreja de Santo Antônio — Rio... há uns 300 anos! Portanto, trata-se de tradição européia bem antiga, reforçando o que eu escutei em Pádua (v. *SA Milagres e Culto*, Röwer, Vozes, pp. 118-121).

necessário para sobreviver. "Quem possui bens, descontado o necessário para o alimento e o vestido, o que sobrar, deve dá-lo ao irmão necessitado, pelo qual Cristo morreu. Se não dá, se fecha o seu coração ao irmão pobre, digo que peca mortalmente, que a caridade de Deus não está nele; se a tivesse, daria de boa vontade ao irmão pobre. Ai daqueles que têm a cantina e o celeiro cheios e os guarda-roupas bem fornidos, enquanto os pobres de Cristo, esfaimados e nus, gritam à sua porta. Aos quais se dá de má vontade e pouco, e não do melhor, mas os restos. Virá, virá, sim, a hora em que também os gozadores da vida hão de gritar, parados à porta: — Senhor, Senhor, abre-nos! — e ouvirão o que não quereriam ouvir: — Em verdade vos digo, não vos conheço..." (Mt 7,22-23).

"Os ricos deste mundo, que amontoam riquezas da iniqüidade, ou seja, aproveitando-se das desigualdades, não têm amigos mais vizinhos do que as mãos dos pobres. Ó rico, dá a Cristo aquilo que ele mesmo te deu. Dá o que recebeste. Estende a tua mão que a avareza ressecou e em virtude da esmola ela há de reflorir. E não basta oferecer com a mão, mas é preciso unir o afeto do coração. Como o gafanhoto entorpece durante o inverno e perde suas forças, mas depois, retornado o calor, salta de alegria, assim também o pobre, no tempo da fome e no gelo da necessidade, perde as forças, treme de frio, tem o olhar macilento. Mas, chegando a esmola, logo se revigora, e agradece a Deus e ao benfeitor o benefício recebido."

Os pobres sentiam-se consolados pelo amor que o Santo nutria por eles. Aquele Santo que, sendo rico, fizera-se um deles; que enfrentava os opressores e a muitos convertia; o Santo que tanto amava a justiça e a concórdia e que estendia as mãos em favor dos necessitados. Sentiam-se consolados quando o viam elogiar a pobreza honesta e paciente, pobreza que não degrada, mas eleva; quando o escutavam recordando Cristo pobre e sua Mãe "pobrezinha". De que vale nadar em riquezas, se depois a alma perde a paz e o coração a piedade?

"A natureza nos gera pobres — dizia — nus nós vimos ao mundo e nus morremos. Foi a malícia que criou os ricos e quem deseja tornar-se rico tropeça nas tramas preparadas pelo demônio. Ó pobreza sempre alegre quando é autêntica, tesouro que os filhos do demônio odeiam; as tuas delícias oferecem um sabor de eterna doçura aos teus amantes"[6].

---

6. Com igual dureza se expressa o Pai São Francisco na segunda parte da *Carta aos Fiéis*, que hoje figura antes da moderna Regra da OFS — Ordem Franciscana Secular, destinada aos leigos, casados ou solteiros (*SF* — Escritos, p. 79,8).

Pescador de homens

Grande no púlpito, não foi menor a grandeza do Santo na sombra do confessionário. O pregador semeia a palavra de verdade, a irriga com o bom exemplo e a prece: e colhe os seus frutos no sacramento da penitência, recebendo, uma a uma, as almas amadurecidas na dor e oferecendo-as ao abraço do Pai. Se não existe alegria que seja igual à consolação de ver retornar o filho pródigo ("há maior festa no céu por um só pecador arrependido, do que por noventa e nove justos que não precisam de penitência"), disse Jesus (Lc 15,7), é também verdade que não existe fadiga que mais desgaste um ministro de Deus do que a do confessionário. Somente quem tem a experiência pessoal ou ao menos conhece a fundo o coração humano, pode captar quanto seja difícil tocar as almas, sacudir as consciências do torpor que as enfraquece, comunicar-lhes o senso e a angústia do pecado. O confessor deve fazer o diagnóstico do seu *paciente* espiritual, executar delicadíssimas e difíceis intervenções para extirpar o mal, dar de novo plena saúde ao convalescente, individuar as causas e os remédios. E tudo isto em poucos minutos. É para tremer!

No confessionário, o nosso Santo perdia a noção do tempo. Havia dias — anota o seu primeiro biógrafo — em que ele confessava sem interrupção até à noitinha, sem tomar alimento nem mesmo um pouco de ar fresco, embora suas condições de saúde fossem dignas de piedade. A felicidade que o inundava em levar os pecadores a renascer à luz da graça divina era tão viva, que o fazia esquecer o cansaço, o frio, o quente, a restauração das forças. Que fazer de um mar de ouvintes aos pés do púlpito, se depois o confessionário fica vazio? Seria como ir à caça e retornar com a bolsa vazia.

Escreve ele: "O sacramento da penitência é chamado *casa de Deus*, porque os pecadores lá se reconciliam com ele, como o filho pródigo com seu pai, que o acolhe novamente em casa (Lc 15). É também chamado *Porta do Paraíso*, uma vez que através da confissão, o penitente é introduzido a beijar os pés, as mãos, o rosto do Pai celeste. ó casa de Deus! Ó confissão, porta do Paraíso! Bem-aventurado aquele que em ti habita! Humilhai-vos, meus irmãos, e entrai por esta porta santa".

"Como te confessaste, assim deves emendar-te — escreve em outra parte. — São muitos que confessam os seus pecados, mas jamais se emendam. O verdadeiro penitente, onde quer que vá ou se mova, deve manter sempre fixo na alma o propósito de não recair na culpa. Muitos se confessam apenas uma vez por ano, quando o ideal seria confessar-se com freqüência. Realmente, nós somos frágeis e inclinados ao mal, cada dia nos acontece contrair alguma mancha. Ademais, a nossa memória é tão débil que, à tarde, com dificuldades se lembra do que aconteceu de manhã. Por que razão, pois, transferir para amanhã o que seria urgente fazer hoje? Ó homem, hoje existes; mas amanhã, talvez não mais. Vive e comporta-te hoje, como se devesses morrer amanhã. E quando sorveres o veneno da culpa, imediatamente recorre ao contra-veneno da sincera e dorida confissão."

Durante as empenhativas pregações quaresmais, eram legiões os penitentes que assediavam o seu confessionário. Para enfrentar tal situação não bastavam os frades nem os outros sacerdotes, que em grande número o seguiam enquanto durasse a emergência. "Alguns destes penitentes — é sempre o antigo biógrafo a atestá-lo — afirmavam que tinham sido levados a confessar-se por uma visão divina e encaminhados a Antônio, com ordens de obedecer aos conselhos dele. Outros, depois da morte do Santo, confiaram aos frades que ele mesmo lhes havia aparecido, sugerindo-lhes o nome dos confessores aos quais deveriam recorrer para receber o perdão".

Em cada século a Igreja tem podido contar com grandes apóstolos do confessionário. O nosso Santo, com base nos seus escritos e nos documentos históricos, com justiça aparece entre os mais incansáveis pescadores de homens.

Em tantos anos de ministério, não deveriam faltar episódios singulares e até dramáticos. Só Deus sabe o quanto a lenda não se apressou em ampliá-los e recobri-los das cores da imaginação. Recordemos o mais conhecido deles, eternizado num baixo-relevo de Donatello. Eis como o descreve a *Benignitas*, biografia, do fim do século XIII, já citada alhures:

"Um paduano, certa vez, confessou, entre outros pecados, o de haver ferido sua própria mãe com um pontapé, e tão violento que a lançou por terra. O beato padre Antônio, que detestava ferozmente qualquer iniqüidade, arrebatado pelo zelo, quase com horror, exclamou: — O pé que bate no pai ou na mãe mereceria, sem mais, ser cortado! — O pobre homem, não entendendo bem tais palavras, tornou depressa à casa e decepou o pé. A notícia de tão atroz punição difundiu-se veloz por toda a cidade e chegou também aos ouvidos do servo de Deus. Este, dirigindo-se imediatamente para junto daquele homem, depois de devota oração, aproximou o pé cortado do tronco da perna, fazendo o sinal da cruz. Maravilha: mal tinha o Santo encostado o pé à perna e traçado a cruz sobre o local, que tocou com as suas santas mãos, súbito o pé ficou ligado à perna. Radiante de alegria o homem se levantou completamente bom, louvando e exaltando o Senhor, bem como rendendo graças ao beato padre Antônio, que de maneira tão maravilhosa o havia curado".

Muitos e muitos anos depois da morte do Santo, um ancião contou a sua história, transmitida por João Rigauld: — Eu era um assaltante, e fazia parte de um bando de doze malfeitores. Morávamos nos bosques para melhor poder atacar e roubar os passantes. Uma vida de desesperados. Um belo dia, chegou até nós a fama de Santo Antônio. Foi-nos dito que ninguém jamais pregara como aquele homem. E o comparavam ao profeta Elias, e diziam mil coisas sobre ele, uma sempre mais estupenda do que a outra.

Todos nós, malandrinhos, ao escutar tais panegíricos, nos sentimos assaltados pelo desejo de ir pessoalmente conferir a verdade. Disfarçados, uma certa manhã nos encontramos no lugar onde seria a pregação. Enquanto ouvíamos a sua voz, qualquer coisa começou a agitar-se dentro de nós. Eram os remorsos pelas coisas malfeitas, era o desejo de rever nossas existências, de mudar de vida.

Terminado o sermão, todos os doze nos prostramos aos pés do Santo e lhe fizemos nossa confissão, cheios de arrependimento e de boa vontade. Ele nos escutou, um depois do outro, nos impôs a penitência e nos reconciliou com Deus. Antes de nos deixar, fez uma previsão: se perseverássemos, seríamos salvos; quem recaísse na miserável vida de antes, pagaria as conseqüências de suas culpas.

Cumpriu-se a profecia. Alguns de nós, retornaram à malandragem e terminaram tragicamente os seus dias; outros, perseverando no bem, tiveram uma morte santa. Agora, sou o único sobrevivente. Santo Antônio me impusera a penitência de fazer doze peregrinações a Roma e acabo de cumprir a décima segunda. Eu espero que o Santo cumpra a sua promessa, pois em breve Deus virá libertar-me desta vida miserável.

IRMÃ MORTE

Ó Senhor, dá-me viver e morrer no pequeno ninho da pobreza e na fé dos teus Apóstolos e da tua santa Igreja Católica.

Santo Antônio

A grande quaresma

Os primeiros meses do estágio paduano foram empregados na redação dos Sermões festivos; mas o trabalho não tardou a ser interrompido, abrindo espaço para o ministério apostólico. No dia 6 de fevereiro começava o tempo quaresmal: Santo Antônio depôs a pena, e "vendo o tempo propício e próximos os dias da salvação se voltou inteiramente à pregação ao povo sequioso. Sentiu-se então envolvido por tão grande desejo de pregar, que resolveu pregar quarenta dias seguidos. E o fez".

São palavras da Vita Prima, da qual extraímos o pitoresco e comovente tópico que segue:

"Depois que o servo de Deus percebeu que estavam abertas as portas da pregação, e afluíam a ele, de toda a parte, massas compactas de povo, semelhante a terreno sedento de chuva, estabeleceu encontros diários nas igrejas da cidade. Por causa da multidão de homens e mulheres, a capacidade das igrejas se revelou de todo insuficiente. Por isso, crescendo sempre mais o número de ouvintes, retirou-se para um lugar espaçoso junto aos prados.

De fato, acorriam turbas quase inumeráveis de um e outro sexo, provenientes das cidades, dos castelos, das vilas em torno de Pádua, todos sedentos de ouvir com suma devoção a palavra de vida, com a firme esperança de melhor prover a própria salvação mediante aqueles ensinamentos.

Levantavam-se no coração da noite, disputavam entre si chegar antes, e levando tochas acesas se apressavam com grande ansiedade para tomar lugar no local da pregação. Terias ocasião de ver cavaleiros e nobres senhores acorrer também nas trevas noturnas; e aqueles que estavam acostumados a passar grande parte do dia ociosos em seus mórbidos leitos, sem nenhum constrangimento, como teriam confidenciado, passavam a noite sem dormir, na expectativa de conseguir ver o pregador.

Assistiam os velhos, afluíam os jovens, homens e mulheres, de toda idade e condição, e todos, despojados de qualquer ornamento, se revestiam de hábitos, de vestes, diria, religiosas.

Até o venerável bispo de Pádua, com o seu clero, seguiu devotamente a pregação do servo de Deus, Antônio, e, fazendo-se modelo do seu rebanho, ensinava a escutá-lo com boas disposições, oferecendo exemplo de humildade.

Era tamanho o desejo de todos e de cada um de escutar aquele que pregava, que freqüentemente, como se conta, assistindo à pregação mais de trinta mil pessoas, não se ouvia nenhum ruído em meio a tanta multidão, mas, todos, num contínuo silêncio, como se fossem um só homem, mantinham em suspenso ânimo e ouvidos, na direção do pregador.

Também os negociantes ou aqueles que tinham alguma espécie de mercadoria para vender, nada expunham à venda aos que passavam, a não ser depois da pregação.

Havia ainda mulheres, que no fervor de sua devoção, traziam tesouras consigo, para cortar um pedacinho que fosse da túnica do Santo, como se fosse uma relíquia; e mesmo se julgavam afortunados aqueles que conseguiam pelo menos tocar a orla do seu hábito.

Na verdade ele não saberia como defender-se da confusão, se não o cercassem certo número de jovens robustos, ou se ele não se retirasse rapidamente para oportuno refúgio ou ainda não aguardasse até que a multidão se afastasse.

Reconduzia os discordantes à paz fraterna, libertava os condenados no cárcere, fazia restituir aquilo que fora tirado com a usura ou a violência: chegou-se a tal ponto que, tendo alguém hipotecado casas e terrenos, colocava o preço da negociação aos pés dele e, a seu conselho, se restituía o mau ganho reembolsando o respectivo valor ou suplicando o perdão.

Também chamava de volta de sua vida vergonhosa e ímpia as mulheres perdidas e levava ladrões famosos a não mais meter as mãos nas coisas dos outros.

Desta maneira, completados felizmente os quarenta dias, com seu zelo, colheu messe agradável ao Senhor..."

Certos dias, eram tantos os peixes, que a rede lançada pelo Santo não conseguia mantê-los todos. Já nos referimos a Santo Antônio como confessor e não queremos repetir-nos.

Embora o seu auditório fosse composto de tal modo que se colocavam lado a lado artesãos e professores, clero e camponeses, jovens e anciãos, todavia a sua fala reunia a todos, era do interesse de todos. A veneração que os cercava se tornava ainda mais intensa por causa do que se contava sobre prodígios atribuídos à sua oração. Relatos como o da cura de Padovana. Um dia, Antônio percorria seu caminho, quando se encontrou com um certo Pedro, que trazia nos braços uma filha de três anos, que ainda não andava e, pior ainda, sofria de epilepsia. O desventurado pai, vendo o Santo, começou a suplicar-lhe que abençoasse a sua menina com o sinal da Cruz.

O homem de Deus admirou a fé de Pedro, abençoou a pequenina e se afastou. Apenas em casa, Pedro tentou fazer a menina ficar em pé e o conseguiu; e um pouco mais, curou-se totalmente: Padovana, sem necessidade de apoio, caminhava como as outras meninas da sua idade. E nunca mais teve ataques epiléticos.

Para a Pádua cristã, a primavera de 1231 foi uma primavera toda viçosa. Mas não deveria tratar-se de um fenômeno isolado. Também em outros lugares, pelo que sabemos, o Santo foi protagonista de cenas semelhantes àquela narrada pela Vita Prima, em que toda uma cidade, durante algumas semanas, se torna um mosteiro, e todos os habitantes pareciam transformados em fervorosos seguidores de Cristo.

O apóstolo cansado

O leitor que nos acompanhou até aqui, terá levantado esta pergunta: mas, de fato, aquela gente daquele tempo era tão diferente de nós? E o Santo, teria passado realmente de sucesso em sucesso, sem conhecer a amargura da repulsa e da derrota? Será que seu caminho foi todo e sempre semeado de rosas sem espinhos?

Perguntas sensatas que procurarei responder brevemente. Não nos engane o entusiasmo do biógrafo: Santo Antônio viveu, como todo arauto de Cristo, na realidade da parábola do semeador, revezando sucessos e insucessos, entre almas generosas e almas ignavas, entre fogos de palha e fogos duráveis, fazendo colheitas ora abundantes, ora mirradas.

Podemos estar seguros de que ele não teve acolhidas entusiásticas em toda parte. A lenda da pregação aos peixes, que sem dúvida tem um núcleo de verdade, revela como às vezes o Santo se chocou contra o muro do ódio e da indiferença. Uma tradição nos conta que um dia ele chegou a um lugar e, tendo começado a pregar, os ouvintes, ou instigados por algum agitador ou pouco dados à palavra de Deus, abandonaram em massa o grande missionário.

Portanto, a peregrinação de Santo Antônio não foi um triunfo sem fim. E quando teve sucesso, ele tinha seu preço. Não se faz o bem impunemente; nem se lança o desafio ao pecado e aos pecadores sem sofrer-lhes as represálias. Ele não era homem para impressionar-se com isso, mas bem que o sofria. Existe a Paixão de Cristo, existem as paixões dos mártires; existiu também uma paixão de Santo Antônio, embora ninguém a tivesse escrito ainda. Dela nós ouvimos um eco nas páginas que nos deixou.

"Hoje — dizia ele — somente os pobres têm sede da palavra de vida, e da água salutar da sabedoria, somente os simples, os iletrados, os camponeses, as velhinhas." E em outra parte observa: deve anunciar Cristo, que é Verdade, sem nada atenuar ou calar, mesmo se um ou outro se sinta magoado. Mas, a Verdade provoca o ódio. Portanto, se em torno ao pregador se encontra apenas admiração e amor, isto significa que não anunciou a verdade sincera e total.

Refratários a ela são os ricos e os usurários, os devassos e os poderosos, os heréticos. Pouco dispostos eram ainda certos elementos mundanos do clero, que, pelo que escreve o próprio Santo, não sabendo como livrar-se do flagelador de seus vícios, o denunciavam aos superiores eclesiásticos. Se encontraram pretextos para condenar a

Cristo, bem podemos imaginar que não tiveram dificuldades de pescar argumentos para torpedear um missionário, culpando-o de anunciar verdades desagradáveis. Outros, para tentar calar os pregadores, lançavam mão a um meio mais despachado, oferecendo-lhes dinheiro, contanto que fechassem a boca e se retirassem numa boa, deixando em paz quem fazia questão de esgarafunchar tranqüilo nos seus vícios prediletos.

Mas até mesmo lá, onde o terreno parecia promissor, o que é que realmente permanecia depois daqueles dias de ardor espiritual? É de todo justa esta interrogação. Certamente, Antônio dominava e abalava milhares de almas, soerguendo-as do seu mesquinho cotidiano, incendiando-as na fé. Depois, acabava o encantamento. Retornava à superfície aquele viver de cada dia, tórpido, sombrio, servil, magro. O Santo, inclinado por natureza a um certo pessimismo, tinha plena consciência disso. No entanto, prosseguia no ingrato empenho. O "depois" não o interessava: não lhe ocorria angustiar-se por isso, porque o "depois" está no secreto da misericórdia de Deus.

Que o seu heroísmo fosse tímido e doloroso, avesso à pose e à ostentação, no-lo manifesta a famosa missão junto a Ezelino Romano. Este cidadão nascera em 1194 e morreu em 1259, sendo, pois, contemporâneo de Santo Antônio. Dante o lança no fundo do inferno, mergulhado até à fronte na fossa de sangue fervente dos assassinos. Nem por isso devemos nós crer que o famigerado tirano gibelino fosse muito pior do que os seus adversários guelfos, tão pérfidos e sanguinários quanto ele, quando o podiam. Sob a máscara guelfa ou gibelina aninhavam-se velhos ódios de família, rivalidades atávicas, ambições, vinganças e tais. Senhor Ezelino casara-se com Zília, irmã de Rizardo de São Bonifácio, e este, por sua vez, tomara como esposa a dissoluta Cuniza, irmã de Ezelino, que depois fugiu com aquele nojento aventureiro chamado Sordello. Rizardo e Ezelino eram pois duplamente cunhados, mas os casamentos não bastaram para acalmar os rancores alimentados pelas lutas entre as partes.

Aos 27 de junho de 1230, Ezelino e companheiros, num golpe de mão afortunado, conseguiram capturar São Bonifácio e seguidores que logo foram aprisionados. Iniciaram-se então as negociações para a libertação, que se prolongaram bastante, uma vez que se colocara como condição que o prisioneiro entregasse à comuna de Verona o seu bem equipado castelo.

Como afirma Rolandino, "seja porque colocasse a sua confiança no Senhor, seja porque solicitado pelos amigos do conde

Rizardo, Santo Antônio foi a Verona e lá esconjurou os reitores da liga lombarda (guelfíssimos), o podestade de Verona, senhor Ezelino e os seus conselheiros, a libertar o conde e seus amigos. Mas de nada valem seus rogos, mesmo que justos, para corações sem caridade. Sem ver atendidas suas súplicas, o Santo retornou a Pádua". Somente em setembro do ano seguinte Gofredo de Lucino, podestade de Pádua, conseguiu livrar o conde do cárcere.

Os estudiosos põem a caminhada a Verona nos fins de maio de 1231, ou seja, a duas semanas antes da morte do Santo, certamente acelerada pelo cansaço e pela tristeza. Assim, a missão terrena do Taumaturgo termina com um total insucesso. As lendas posteriores, porém, apresentam o Santo enfrentando o tirano com duríssimas palavras e reduzindo-o à mansidão. O que haveria de verdade em tudo isso? Talvez o caráter dramático do encontro entre os dois, e o aspecto religioso da missão de Antônio. Ele sempre se mostrou alheio à política. E se interferiu naquela ocasião, foi para superar as discórdias e apelar à prática do perdão cristão.

Terminava o mês de maio de 1231: a hora de despedir-se do mundo se avizinha a largos passos. Para um homem como Antônio, habituado a exigir do seu físico um esforço constante e intenso, o inerte esgotamento que o invade cada dia mais é um sintoma que não permite dúvidas. Doente ele já era há anos. E os confrades, que o queriam tão bem, estavam certos de que resistiria ainda, longe de suspeitar que aquele organismo pudesse dizer: Basta!

Respirava arfando, os membros deformados pela hidropisia, o andar penoso: ele sentia que não mais se recuperaria. Mesmo assim, naquele maio poeirento, de precoce verão, ele enfrentara sem hesitar a viagem a Verona, um excesso que exauriu totalmente as suas já parcas energias. Dela retornou mais curvado, acabado, com o coração pesado de tristes pressentimentos. Mal chegou a Pádua, conseguiu retirar-se para o campo, para fugir ao ar estagnado e quente da cidade.

Na paz da manhã, às escondidas dos paduanos, por veredas que a brisa e longos espaços dourados pelas messes maduras alegravam, o grande caminheiro de Cristo dirigiu-se ao castelo de Camposampiero, distante de Pádua uns vinte quilômetros. Se não lhe fez companhia na breve viagem, veio-lhe ao encontro o conde Tiso, feudatário do lugar, ligado ao Santo por cordial amizade, depois de retirar-se de uma carreira política agitadíssima, tocado pela palavra de Antônio.

Desejando a paz para a sua alma, já ancião (morreria em 1234) e saciado de ilusões, aquele nobre homem convidara os franciscanos para habitarem um eremitério preparado por ele na vasta propriedade coberta do bosque que cercava seu castelo. E gostava de participar da vida dos frades, muitos dos quais haviam tomado o hábito para expiar os pecados do mundo. "Quem chora piedosamente os pecados dos outros — escreve Santo Antônio — repara perfeitamente os próprios."

Naquele verde eremitério, também Santo Antônio teve a sua cela, plena de silêncio e de oração, contígua à capelinha dedicada ao Batista. "Em nome de Jesus, peçamos que o Pai, não por mérito nosso, mas de seu Filho, salvador de gênero humano, nos conceda o privilégio do seu Amor!" O Cristo nos foi dado para que "vivendo nele, amássemos a Deus; viver sem Jesus é um morrer".

Naquele lugar ele passou alguns dias, mergulhado na leitura da Bíblia, dando alguns retoques aos seus Sermões festivos, sofrendo alegremente e esperando a grande hora. Andando pelo prado, ouvindo o sussurro da folhagem do bosque formado de acácias, de freixos, de álamos, notou uma nogueira secular, de cujo tronco gigantesco partiam seis ramos vigorosos. Exultou seu coração franciscano: por que não preparar para si, lá em cima, aquele ninho todo pobre, no qual desejava morrer? Falou sobre isso ao solícito conde, o qual, com suas nodosas mãos habituadas ao manejo da espada, assumiu como uma honra arrumar com esteiras, entre os ramos da nogueira, a singular cela pênsil. Durante o dia, o Santo subia até lá, ajudado por frei Lucas e frei Rudgero, companheiros de retiro e amigos muito íntimos: sabemos que o Santo sempre teve o coração muito sensível à amizade. Depois, os dois se retiravam para celas semelhantes, de esteiras, ao pé da nogueira.

Para passar as noites, retornavam ao convento. Para o pobre hidrópico, noites de insônia. A respiração era fatigante, a cabeça lhe doía como que comprimida por uma mordaça. Às vezes sobrevinham-lhe vertigens, e todo o corpo se agitava em convulsões. O estômago recusava os alimentos, e a mente, tomada de súbita fadiga, se lhe ofuscava. Não tinha mais a força de concentrar-se, e então, a pena lhe caía das mãos, o livro se fechava, enquanto o pensamento vagava, repassando, ato por ato, na presença de Deus, a sua breve existência. Breve, sim, mas extraordinariamente intensa.

Também ele terá sofrido a hipersensibilidade comum aos doentes, que a solidão às vezes amesquinha e debilita. E terá buscado paz murmurando palavras de abandono à vontade de Deus, oferecendo-se pela salvação das almas pelas quais se consumara.

Conta-se que durante uma destas noitadas tormentosas, o Santo foi favorecido por uma graça maravilhosa, um tal qual viático consolador naquela última etapa de sua peregrinação na terra. Estava ele absorto na contemplação, quando irrompeu uma luz transfigurando a mísera cela, e, daquele clarão, como que floriu Jesus menino. O hóspede divino aproximou-se sorrindo do seu amigo, acariciando-lhe a fronte com a pequenina mão.

Naquele momento, o conde Tiso passava ao lado do quarto de frei Antônio. Talvez viera para fazer-lhe um pouco de companhia, para compensar o vazio daquelas horas de insônia. Avizinhando-se, pelo respiradouro da porta, notou um clarão. Inquieto, temendo um incêndio, empurrou a porta e lançou um olhar ansioso no interior.

Quando terminou a aparição, logo que Antônio se refez, viu a porta semi-aberta e o conde ajoelhado e trêmulo. Não o repreendeu por causa da amorosa indiscrição, mas somente lhe recomendou não confiar a ninguém o que tinha presenciado. Depois da morte do Santo, porém, Tiso sentiu-se liberado da promessa e contou a maravilha que pudera ver, por sorte realmente feliz.

Séculos se passaram. Desapareceu o castelo de Tiso; a igrejinha de São João Batista mais de uma vez foi destruída e reconstruída, e o convento franciscano ao lado acompanhou a sorte da capela. O único vestígio que ficou: uma pequena cela de tijolos nus, transformada em capela. Segundo a tradição, é o lugar sagrado em que Antônio teve a visão.

Igualmente a poderosa nogueira há muito tempo que morreu de velhice. A Irmã Nogueira, enquanto durou, foi sempre amada pelos franciscanos e pelo povo, porque carregou o Santo no seu dorso, descansando-o com o seu verde e restaurando-o com o fresco sussurro de suas folhas. Ela vive ainda nos seus muitos rebentos, transplantados cá e lá, e reconhecíveis entre outras nogueiras, por sua estranha propriedade: dão suas folhas entre maio e junho, nas proximidades da festa de Santo Antônio.

No lugar onde se erguia a grande nogueira, um descendente do conde Tiso, Gregório, ergueu, em 1437, uma capela, mais tarde embelezada por um ciclo de afrescos que celebram a vida e obras do Santo. Na pequena abside, foi colocada uma tela do opulento colorista vêneto Bonifácio de Verona, figurando o Santo empenhado em anunciar a palavra de Deus a uma variegada multidão. O encantador santuário, que se ergue no meio da planura, que águas e opulenta verdura muito alegram, traz o nome de Santo Antônio da Nogueira. Em 1967, ao lado dele, foi inaugurado um mosteiro de clarissas.

O pensamento da morte havia acompanhado todas as jornadas do Apóstolo. Ela não era um espantalho para o Santo, mas uma solícita irmã, como a cantava São Francisco. Nem uma sombra funesta e implacável, mas sim, a hora da suprema prestação de contas com aquele Deus, que ele jamais deixara de bendizer e levar os outros a fazê-lo.

Vejo o meu Senhor

Sexta-feira, 13 de junho de 1231. Pelo meio-dia, tocava a sineta do eremitério, chamando para a refeição. Antônio desceu penosamente da pequena cela sobre a nogueira e se pôs a caminho juntamente com frei Lucas e frei Rudgero. Mas, apenas sentou-se à mesa, improvisadamente as forças começaram a abandoná-lo. Tornando-se a crise sempre mais aguda, os frades o ajudaram a levantar-se da mesa e o acomodaram sobre um leito de ramos de videira, uma vez que não conseguia mais manter-se em pé.

Compreendeu que era o fim. Para não incomodar a pequena comunidade, volveu-se a Rudgero: — Meu irmão — disse-lhe — se estás de acordo, é melhor eu retornar a Pádua, ao convento de Santa Maria, para não causar nenhum incômodo a estes confrades.

Rudgero concordou imediatamente. Os frades, muito embora a afeição os levasse a opor-se a tal desejo, de malgrado consentiram, depois de fazer o possível para manter o doente com eles, e já que era esta a vontade dele.

Chamaram então um camponês do lugar, que veio imediatamente com o seu carro, puxado a bois. Frei Antônio foi deitado nele. E o carro se moveu. Frei Lucas e frei Rudgero o seguiam com o coração apertado, em silêncio. Debaixo do sol ardente, o ar era abrasador, sufocante. Aos solavancos, o carro avançava ao longo da velha estrada romana, cheia de curvas e de poeira. A viagem é lenta, interminável, como uma agonia.

Estavam já perto de Pádua, quando encontraram frei Vinoto, que estava a caminho para visitar o Santo. Ele de pronto notou que o enfermo estava nas últimas. Calorosamente o recomendou buscar refúgio lá perto, na casinha dos frades chamada Arcela, ao lado do mosteiro das clarissas. De fato, ele não poderia atravessar a cidade sem ser notado; todos se aperceberiam da sua delicada condição, gerando assim uma grande confusão. O convento de Santa Maria sofreria uma invasão de inoportunos...

Antônio escutou as razões alegadas, concordou com o desejo do prestimoso confrade e desviou o caminho para Arcela. Foi conduzido a um pequeno quarto e colocado sobre um colchão de palha. Angustiados, os religiosos do lugar viram que não havia mais esperança alguma. Deixaram-no repousar um pouco. Depois, o Santo quis confessar-se pela última vez. "O homem justo — escrevera ele — está convencido de ser sempre um principiante."

O aproximar-se da hora suprema restituiu-lhe um pouco de forças. E delas se aproveitou para entoar seu hino predileto à Madonna:

O gloriosa Domina,
excelsa super sidera...!

"Ó Rainha gloriosa, elevada acima das estrelas!" A Ela, a última estrofe de amor, que concluía toda uma vida de sacrifício e de pureza.

Depois de cantar o hino, ele elevou os olhos ao céu, como era seu costume, e com o olhar fixo, mirava longamente diante de si. O frade que o soerguia perguntou-lhe o que estava vendo. Respondeu: — Vejo o meu Senhor.

Despertaram-no do êxtase para poder administrar-lhe a unção dos enfermos. Sorrindo, o Santo observou: — Oh, não seria necessário, pois que já tenho dentro de mim esta unção! Todavia, é coisa boa e muito me agrada. O sacerdote ungiu-lhe os olhos, rezando: "Por esta santa unção e sua piíssima misericórdia, que o Senhor te perdoe pelos males que cometeste pelos olhares". Assim também ungiu-lhe as orelhas, as narinas, a boca, as mãos, o flanco, os pés. Humildemente Antônio acompanhava estes gestos e as preces: não dissera ele que as virtudes do maior santo, comparadas com a infinita perfeição de Deus, não passam de um trapo imundo?

Mãos postas, cantou, juntamente com os confrades, todos os sete salmos penitenciais, fazendo seus os sentimentos de temor e de confiança que eles expressam, os impulsos de esperança e a confissão da nossa miséria, a angústia provocada pelos perigos que nos insidiam, a paz que desce da bênção de Deus.

Manteve-se ainda quase meia hora depois, abandonando o corpo naquela cela despojada, aquela alma gloriosa retornou àquele que a criara e que tinha sido o único Senhor e Amor da sua vida.

Lá fora, descia a tarde, trazendo refrigério aos homens depois de uma jornada tórrida. Na cela, permaneciam os frades, imóveis e chorando. Eles puderam ver aquele corpo, antes desgastado pela doença, refazer-se todo branco e belo. Naquele momento solene, parecia-lhes ouvir de novo a palavra do Santo:

"Agora, o mundo te reveste da sua vaidade, da qual te despojará no momento da morte. O mundo não dá de presente, mas empresta; e quando a tua necessidade se torna mais grave, ele retoma o que é dele e te abandona, nu e mísero. Oh, como é tolo o conselho dos mundanos, que nos impelem a amontoar coisa que não é nossa, que não poderemos levar conosco; a nos sopesar de coisas tomadas de empréstimo, que não poderemos ter conosco, ao passar pela porta estreita da morte, passagem apertada que mesmo a alma sozinha e desnudada dificilmente poderá atravessar. Quando chegarmos àquela passagem, teremos de nos livrar de todo e qualquer peso terreno". "O justo está sempre preparado para restituir a alma ao seu Criador, na hora em que ele quiser. Quem viveu e trabalhou longamente com a paz de Deus no coração, certamente morre na paz de Deus." "Como a criancinha corre chorando para os braços da mãe, e a mãe a acaricia e lhe enxuga as lágrimas, assim os santos têm pressa de passar do choro desta terra, para os braços da glória, onde Deus enxugará todas as lágrimas de todos os rostos."

O desgosto, porém, não impediu que os frades, homens do século XIII, deixassem de perceber que estavam em situação de emergência. Decidiram então manter segredo sobre a morte e estudar com a devida cautela o tempo e a maneira de transportar os veneráveis despojos para Santa Maria, do outro lado da cidade. O plano foi prudente, mas, em pouco tempo toda Pádua estava ciente do doloroso acontecimento. Pelos caminhos já tomados pelas sombras da tarde, bandos de crianças corriam e em altos gritos anunciavam: "Morreu o Santo! Morreu frei Antônio!"

De repente verificou-se de fato aquilo que os frades temiam: os habitantes do bairro de Capodiponte, a que pertencia Arcela, sem mais, tomaram a seguinte decisão: "Ele morreu aqui e aqui há de ficar". Toda a juventude do local se arma e se coloca a vigiar a casinha dos frades. Entrementes, no mosteiro ao lado, as clarissas choravam desconsoladas a morte daquele que, sem jamais deixar-se ver pessoalmente, fora um guia para elas e objeto de admiração. Também para estas irmãs, aquele momento de dor, não impediu de fazer exigências. Diziam: "Enquanto vivo, jamais tivemos a consolação de vê-lo. Então, fiquemos com ele, ao menos agora que está morto". Mas estavam convencidas de que os frades, atendendo aos desejos do defunto, fariam o possível para sepultá-lo em Santa Maria. Por isso, para superar o obstáculo, as espertas clarissas encarregaram alguém de pedir aos maiorais religiosos e civis, que o corpo não fosse removido de lá. Não é em vão que são mulheres. E conseguiram rapidamente o autorizado apoio.

Todavia, no sábado, os frades vieram a Arcela para os funerais. Mas os moradores de Capodiponte se opuseram a eles com armas em punho. Levando os riscos em consideração, os franciscanos recorreram ao bispo, que escutou suas razões e decidiu apoiá-los, encarregando o enérgico podestade de Pádua, o veneziano Estêvão Badoér, de proteger os frades das ameaçadoras pretensões dos habitantes de Capodiponte. Sabemos que os conselheiros comunais, a seu tempo, já tinham sido colocados a par da situação pelas monjas, e por isso buscavam protelar as coisas. Por causa do forte calor de verão, foi dada sepultura provisória aos restos de Antônio. O que logo levantou suspeitas entre os mais turbulentos arcelianos, que se tranqüilizaram só depois de conferir pessoalmente que o corpo não tinha sido raptado.

À tarde de sábado, chegou finalmente Alberto de Pisa, o sucessor de Santo Antônio no encargo de provincial: com ânimo suspenso, toda a cidade aguardava o seu retorno, porque tocava a ele a última palavra naquela tão espinhosa controvérsia. Com muito tato, para não exasperar os habitantes de Capodiponte, ele discutiu o assunto primeiro com o podestade, responsável pela ordem pública, e depois com o bispo, a quem competia a decisão para uma sepultura eclesiástica. O domingo e a segunda-feira foram tomados por estas febris negociações. Frei Alberto fez triunfar a sua tese, mais do que legítima: uma vez que o defunto era franciscano, cabia ao seu superior determinar o lugar de sua inumação; e o superior, por sua vez, concordando com o desejo do Santo ao morrer, quer que ele tenha a sua tumba na igreja de Santa Maria.

Despontou então quarta-feira, dia estabelecido para as solenes exéquias. Os habitantes de Capodiponte, conhecendo esta decisão, resolveram resistir até às últimas conseqüências, mesmo com o risco de transformar a gloriosa cerimônia numa jornada de sangue. Mas o podestade conseguiu desvendar a louca determinação. Arranjou um pretexto, agarrou os responsáveis pela sedição e os deslocou para a região meridional de Pádua. Dessa forma, os funerais puderam transcorrer na mais exultante tranqüilidade. Toda a cidade acompanhava a última viagem dos restos mortais do grande missionário, entre ondas de canto e o crepitar das velas.

Depois da procissão, o bispo celebrou solene Missa exequial na igrejinha de Santa Maria. Após o ato eucarístico, o corpo bendito foi encerrado numa urna de mármore, que pertencera à catedral.

Aquela terça-feira foi deveras memorável, seja pelo triunfo de que se cercaram os restos do Santo, seja pelo grande número de milagres que Deus operou na sepultura do seu arauto. A devoção do povo cresceu sem medidas; de perto e de longe, da Itália e de fora, todos queriam visitar a milagrosa sepultura. Nobres e populares, estudantes e professores da universidade, clero e religiosos, com o bispo à frente, com os pés nus e processionalmente, vinham venerar o Santo, que o Senhor glorificava de modo tão admirável.

Sobre o altar

Particular digno de nota: os milagres eram concedidos unicamente para os que fizessem boa confissão; e eram tantos os penitentes, que os frades não conseguiam atender a todos. De outro lado, os que não pretendiam fazer penitência e mudar de vida, não conseguiam as graças desejadas.

Os ininterruptos prodígios eram sinal evidente da vontade de Deus: Antônio, acolhido na beatitude dos céus, devia ser glorificado oficialmente também na terra. Não decorrera ainda um mês da sua morte, e a sua pátria adotiva, o bispo e seu clero, podestade cavaleiros e povo, enviam à corte pontifícia uma delegação encarregada de submeter ao juízo do papa Gregório IX os fenômenos extraordinários que aconteciam sobre a tumba de Antônio e ao mesmo tempo exprimir-lhe o vivíssimo desejo de que fosse aberto o processo para levá-lo à glória da canonização.

Este pedido deixou o papa mais feliz do que maravilhado: conhecia muito bem quem era aquele frade português! Quem realmente ficou aturdido e logo tachou de impaciência o pedido dos paduanos, foram sim algumas personalidades da cúria. E não há como imprecá-las: não se proclama um santo de uma hora para outra. Pressa e prudência, em muitos casos, disputam entre si. O Pontífice confia o exame dos milagres ao bispo de Pádua, ao beato João Forzaté, prior de São Bento e ao dominicano beato João de Vicenza, prior de Santo Agostinho. Uma vez recolhido o material e avaliado com precisão,

são enviadas a Gregório IX outras petições da parte das autoridades religiosas e civis. Entre elas, se distingue, pelo seu zelo e pelo seu prestígio, a universidade, que quer honrar em Antônio o representante da cultura. Dois cardeais dão seu apoio entusiástico, uma vez que se encontravam no norte da Itália como representantes do Papa.

Os paduanos enviados na presença do colégio cardinalício e do Papa, souberam defender sua causa de modo excelente. Imediatamente Gregório IX formou uma comissão presidida pelo cardeal João d'Abbeville, que devia examinar os milagres e abrir o caminho para canonização. Estas tarefas duraram poucos meses, e tudo parecia caminhar para uma breve e feliz conclusão, quando alguns cardeais, perplexos, frearam aquela corrida. — Era necessário — diziam — que primeiro decorresse um razoável lapso de tempo; não era conveniente, numa causa tão importante, queimar as etapas; afinal, não decorrera nem sequer um ano da morte de Antônio...

A Vita Prima, acompanhada por outras boas fontes da época, nos informa que foi Antônio mesmo que quebrou a oposição mediante um sonho. Assim que cessou toda forma de oposição, o Pontífice decidiu proceder à canonização. Ela teve lugar na catedral de Spoleto, aos 20 de maio de 1232, dia de Pentecostes. Como o fizera 4 anos antes para São Francisco, Gregório IX, pessoalmente, presidiu a magnífica cerimônia, cercado de inúmeros prelados e de verdadeira massa de povo devoto.

Com voz sonora, um clérigo leu, do alto de um púlpito, os cinqüenta e três milagres aprovados durante o processo canônico, "Exaltando com suma devoção e reverência os méritos gloriosos do beato Antônio". Então, levantando-se do trono, Gregório, erguendo as mãos aos céus, depois de invocar o nome da Trindade, proclama Antônio santo da Igreja Católica.

Terminado o canto do Te Deum, o Pontífice entoou a antífona própria dos doutores da Igreja: "Ó doutor ótimo, esplendor da santa Igreja, Santo Antônio, amador da lei divina, ora por nós ao Filho de Deus!" Assim fazendo, ele saudava no novo santo não somente o taumaturgo, o grande asceta, o incansável apóstolo, mas sobretudo o altíssimo gênio, o conhecedor profundo da verdade divina, o defensor da Assunção de Maria. Mais de sete séculos depois, Pio XII apenas confirmará este reconhecimento e o culto estabelecido pelo seu longínquo predecessor.

A bula *Cum dicat Dominus* anunciava a toda a cristandade a glorificação do maior filho de São Francisco de Assis. Quem mais exultou com isso foi naturalmente Pádua, que, aos 13 de junho daquele ano, festejou o primeiro aniversário da morte do seu Santo, com entusiásticas manifestações. E não ficou somente em meras ovações: empreendeu solicitamente a construção de um monumento digno do Santo e do afeto dos seus devotos: a basílica antoniana.

PARA SEMPRE NO MEIO DE NÓS

Neste lugar tenebroso, os santos brilham como as estrelas do firmamento. E como os calçados nos defendem os pés, assim os exemplos dos santos defendem as nossas almas, tornando-nos capazes de esmagar as sugestões do demônio e as seduções do mundo.

Santo Antônio

Cavaleiro da Virgem

A "ruptura" brusca e desdenhosa que levou o nosso Santo na flor da juventude ao rompimento com o seu ambiente para refugiar-se entre os muros de um mosteiro, é um magnânimo protesto contra a degeneração, diria mesmo, contra a substância daquela concepção heróica, daquele sentimento cavaleiresco da vida, nascidos da sábia obra espiritualizadora da Igreja. Sob a branca veste agostiniana, sob o pardo burel franciscano, Antônio conserva intactos, até mesmo potenciados, os grandes ideais da sua época.

Como todos sabemos, as notas dominantes da civilização cavaleiresca eram a defesa dos fracos e o devotamento à "senhora". Ora, o Santo sempre defendeu os oprimidos, com palavras e ações, viseira aberta, contra as prevaricações dos ricos e a insensibilidade dos poderosos. Os poemas medievais — espelhos de vida e inspiradores de vida, manuais poéticos de educação cavaleiresca — reservam à mulher uma posição privilegiada: cada valente tinha como dever imprescindível o serviço respeitoso, a zelosa e animosa proteção da mulher. Jamais na história a feminilidade foi colocada tão alto, quase venerada como algo sagrado. Levando em conta a nossa corrompida natureza humana, uma tão etérea concepção dificilmente se aplica na vida prática: são, mais ou menos, como aquelas roupas de grandes ocasiões, que quase sempre dormem no armário.

Antônio não renegou a sua dedicação cavaleiresca à mulher, mas sim, a sublimou. O seu coração e as suas ações foram totalmente consagrados àquela Criatura na qual a feminilidade se encontra em estado puro, sem impurezas, nem engano nem crepúsculo: a Mãe de Deus, a estrela imaculada da nossa vida. Cada um de seus dias foi uma "prova" de amor a ela. *Nulla dies sine Maria*, nenhum dia sem Ela.

Por definição, um católico é um devoto de Maria; "devoto", isto é, possessão sagrada e inalienável da Virgem. O amor a Ela é aroma e como que sigilo de garantia da Graça divina em nós.

Santo Antônio exala um odor suave, é uma flor que desabrocha no cepo da imaculada. Germinara e crescera num ambiente impregnado de marianidade. Não é sem razão que a tradição coloca seu nascimento aos 15 de agosto, na época a principal festa de Nossa Senhora.

A poucos passos de sua casa se ergue a catedral dedicada, como quase todas as sedes episcopais de Portugal, a Nossa Senhora da Assunção. Menino, foi à sombra daquela igreja que ele freqüentou as primeiras escolas, "a fim de que — anota Rigauld, biógrafo do fim do século XIII — o garoto Fernando tivesse a Mãe de Deus como a melhor mestra, como depois a teve na vida, e na morte como eficaz auxiliadora". Tornou-se aluno de duas mães: em casa a nobre senhora Maria, na escola a Virgem bendita. Notemos como eram as coisas naqueles bons tempos: escola era o mesmo que igreja, uma vez que todo ensinamento estava embebido de senso religioso. Mesmo atrás das pequenas páginas da gramática era possível descobrir a face contemplativa e trêmula da Senhora, mestra de todos os mestres, educadora do divino Educador...

Assim, a mãe terrena confia Fernando à nova Mãe, à qual o pequeno se agarra e de cujos braços nunca mais haverá de separar-se. A Virgem é sua mestra na guerra contra o desenfrear-se de petulantes e humilhantes paixões. Unindo-se primeiro aos agostinianos, Fernando teve ocasião de conhecer melhor a Rainha gloriosa, lendo os livros que dela falam de modo incomparável: Ambrósio, Anselmo, Bernardo de São Vitor lhe revelam as grandezas de Maria. O eco destas meditações se capta muito bem nos escritos antonianos: à planta vigorosa, ele sabe enxertar os seus ramos, na sua voz, revive o tom dos grandes enamorados de Maria, mas sempre enriquecido da sua contribuição pessoal.

Depois, alistando-se na cavalaria franciscana, Antônio foi santamente contagiado pelo amor jogral de Assis: "Eu te saúdo, Senhora, Rainha santa, santa Mãe de Deus, Maria, que és virgem feita Igreja e eleita pelo santíssimo Pai do céu, que te consagrou por seu santíssimo e dileto Filho e o Espírito Santo Consolador. Em ti foi e reside toda a plenitude da graça e todo o bem. Eu te saúdo, palácio do Senhor; eu te saúdo, tabernáculo dele; eu te saúdo, morada do Senhor; eu te saúdo, vestimenta dele. Eu te saúdo, serva do Senhor; eu te saúdo, ó mãe do Senhor..." (*SF-Escritos*, p. 165). O nosso Taumaturgo teve a ventura de cingir a corda franciscana quando a Ordem estava, podemos dizer, no seu estado nativo, toda inflamada de novidade e de espírito de conquista. Teve assim a sorte de entrar nas fileiras dos admiráveis cavaleiros da Puríssima.

Que Maria tinha o lugar da Rainha, o primeiríssimo lugar na sua oração, na sua pregação, nas aulas, nas confissões, bem que o manifestam os escritos antonianos que chegaram até nós e o revelam claramente episódios como os seguintes:

Foi numa manhã de 14 de agosto, portanto, vigília da festa da Assunção. De acordo com o Ofício Divino em vigor, no coro, os frades deviam cantar o Martirológio de Usuardo, um monge da época carolíngia, que lançava uma sombra de dúvida sobre este privilégio de Maria. Pois bem: o Santo negou-se participar do Ofício, para não ter que escutar uma expressão que feria a sua fé. Ele preferia desobedecer. Eis uma hesitante tradução do texto repudiado: anunciando a festa da Assunção: "15 de agosto, festividade da Dormitio (ato de dormir) da santa Mãe de Deus, Maria. O seu sacratíssimo corpo, embora não se encontre sobre a terra, mesmo assim a piedosa madre Igreja festeja a sua venerável memória, não duvidando que ela tenha migrado (morrido) de acordo com sua condição humana. Onde tenha sido ocultado por querer e conselho divino, aquele venerável Templo do Espírito Santo, a sobriedade da Igreja devotamente preferiu ignorar, em vez de ensinar qualquer coisa de vago e apócrifo a este respeito".

Enquanto pregava a última quaresma, a de 1231, ainda no começo daquela memorável e fecundíssima fadiga, arrebentado de cansaço, Antônio teve afinal uma noite em que pôde abandonar-se a um sono reparador. De repente, Satanás lhe cai em cima e tenta estrangulá-lo. O Santo, invocando o nome da Virgem gloriosa, traçou o sinal da cruz sobre a testa, forçando assim o Maligno a abandonar a sua presa. Vitorioso, Antônio abriu os olhos para ver o inimigo em fuga, e viu então a sua cela inundada de luz. Este fato goza da mais sólida autenticidade. As fontes primitivas atestam que o próprio Santo o confiou a um amigo (possivelmente o beato Lucas).

Num manuscrito do século XIII, o Padre José Abate, recentemente descobriu um sermão, devido à pena de um confrade de Santo Antônio. Nele se encontra um episódio genuinamente franciscano, uma verdadeira "florinha" da vida do Taumaturgo, até o presente desconhecido. No dia 2 de agosto, talvez de 1231, tradicionalmente dedicado à purificação de Maria, na igrejinha de Santa Maria, fundada pelo Santo e por ele intitulada em honra da Virgem, cantava ele com sua belíssima voz o responsório da festa:

"Obtulerunt pro eo Domino par turturum aut duos pullos columbarum..." (Lc 2,24). (Ofereceram ao Senhor por ele um par de rolinhas ou dois filhotes de pombos...) Foi então que lhe ocorreu desejar saber qual teria sido precisamente a oferenda da Virgem pobrezinha, se um par de pombos ou um par de rolinhas. E eis senão quando, sobre o púlpito onde Antônio cantava, duas rolinhas! Imaginemos a letícia do cantor e a maravilha dos presentes. Assim, com ingênua ternura, Maria revelava a oferta que realmente levara ao Templo: um casal de rolinhas.

Aquele que tanto amara a Maria e tanto fizera para que ela fosse amada, cantando, passou desta vida para a eternidade, tendo nos lábios o louvor sagrado em honra da sua Senhora:

O gloriosa Domina
excelsa super sidera!
Ó gloriosa Rainha,
exaltada acima das estrelas!

No crepúsculo dos nossos dias terrenos, a última invocação do moribundo é "mamãe". A primeira palavra que aprendemos a balbuciar é também o derradeiro sinal de despedida deste mundo: invocamos a mãe. Mas, naqueles supremos instantes da existência terrena, o que pode fazer uma criatura terrena? Se presente, a mãe terá seu coração todo dilacerado por não saber, não poder prestar socorro àquela súplica de ajuda. Do Santo, que "terminou seus dias em nome de Maria", escreve o já conhecido Rigauld: "Ó feliz e devoto familiar da Virgem, que foste instruído na sua Igreja, por ela livrado das insídias diabólicas, agora, conduzido pela mãe dela, és introduzido nos prêmios eternos do céu!" Rigauld ainda realça que Antônio foi mariano também na sepultura, uma vez que seus restos foram sepultados no santuário da Madonna, a igrejinha de Santa Maria.

Se quiséssemos nos entreter com os escritos marianos de Santo Antônio, deveríamos nos alongar demais, mas valeria a pena. Todavia, baste-nos saber que em cada página dele, resplende a sabedoria do teólogo, a afetuosidade do filho, a exultação do enamorado. Como genuíno trovador, não se sacia de contemplar as belezas excelsas da Rainha celeste e de cantá-las com imagens, ora brilhantes, ora idílicas, sempre ricas de comovente poesia.

Notável é a contribuição doutrinal antoniana para a mariologia, especialmente no que se refere à verdade da Assunção de Maria ao céu em corpo e alma. Passemos a palavra a Pio XII, que na constituição apostólica *Munificentissimus Deus*, de 1º de novembro de 1950, assim se exprimiu: "Entre os sagrados escritores que naquele tempo (isto é, nos inícios da Escolástica), servindo-se de textos escriturísticos ou de semelhanças e analogias, ilustraram e confirmaram a pia sentença da Assunção, ocupa um lugar especial o Doutor Evangélico Santo Antônio de Pádua. Na festa da Assunção, comentando as palavras de Isaías: *Glorificarei o lugar onde pus os meus pés,* afirmou com segurança que o divino Redentor glorificou de modo excelso a sua Mãe diletíssima, da qual tomara a carne humana...".

E eis uma prece composta pelo Santo:

"Nós te suplicamos, ó Senhora nossa, ínclita Mãe de Deus, exaltada sobre os coros dos anjos: enche de graça o nosso coração, cumula-o do esplendor da Sabedoria celeste, sustenta-o com tua poderosa ajuda, adorna-o de escolhidas virtudes. Derrama sobre nós, ó oliveira bendita, o óleo da misericórdia, que ele cubra a multidão dos nossos pecados, para que, alegres, possamos nos encontrar na inefável beatitude do céu e gozá-la com todos os santos!"

Os seus escritos

"Escreveu e viveu", afirma significativamente Rolandino referindo-se ao nosso Santo. É como se para ele a ocupação mais fiel e nobre fosse estar a encher de sinaizinhos negros intermináveis páginas de pergaminho. A personalidade intelectual de Santo Antônio foi colocada em primeiro plano pelos seus contemporâneos. Com o passar dos séculos, ela foi sendo passada para a sombra e começou a projetar-se principalmente a sua condição de Taumaturgo, que, entre o povo, acabou sobrepujando e quase anulando todos os demais aspectos, mesmo os de notabilíssimo relevo.

Por que será que a sua fama de escritor não conseguiu manter-se viva e a sorte e a difusão de seus livros logo teve seu fim? É que, exatamente uns poucos anos depois de seu desaparecimento, houve uma grande alteração no mundo cultural católico. O movimento teológico-filosófico chamado *Escolástica,* promovido e personalizado por inteligências de primeira grandeza, como Alexandre de Hales e Santo Alberto Magno, Santo Tomás e São Boaventura e o beato João Duns Escoto, renovou completamente o panorama intelectual do Ocidente. O nosso Santo é o último e esplêndido fruto do igualmente grande século XII. Bastou um breve arco de tempo para que a mentalidade, o método, a sensibilidade peculiar daquela época não fossem mais percebidos como próprias, atuais, das novas gerações.

Foi necessário aguardar o florescimento dos estudos franciscanos, que tiveram início no fim do século XIX, para só então assistir a redescoberta de Santo Antônio como escritor. A primícia fundamental desta renascença antoniana foi a pesquisa e o conhecimento dos códigos que continham as obras genuínas, apresentadas aos especialistas na monumental edição aos cuidados de Locatelli e colaboradores, entre 1895 e 1914. Uma nova e definitiva edição crítica está sendo preparada pelos confrades do Santo. Esta tolherá as tantas zonas de sombra que pesam sobre sua atividade literária, vai dirimir controvérsias de atribuições e nos apresentará finalmente um texto sobre o qual se possa trabalhar com absoluta segurança.

A produção literária antoniana, somente do ponto de vista do seu volume, já é considerável. Diante disso, pergunta-se como, quando, onde ele, absorvido por tantas ocupações, tendo morrido tão jovem, como conseguiu ainda dedicar-se à composição de suas obras? Como resposta, lembremo-nos do que já foi dito sobre sua ampla e sólida formação cultural. Quanto ao tempo para escrever, deveria aproveitar-se de todo e qualquer retalho de tempo para isso, principalmente das suas noites.

Duas são as suas obras autênticas: os *Sermões dominicais*, onde se incluem seus doutos e suaves Sermões em louvor de Maria e os *Sermões para as festas do ano*. Estes últimos, incompletos por causa da morte prematura do Autor, apresentam uma exposição das solenidades católicas de primeiro de janeiro a trinta de junho, e foram compilados a pedido do cardeal Rinaldo de Segni, protetor da Ordem e mais tarde papa, com o nome de Alexandre IV. A esta obra, o Santo se dedicou no último ano de sua vida, já em Pádua, e é bem possível que algumas páginas tenham sido escritas no retiro de Caposampiero, onde, como nota o cronista, "noite e dia ele folheava a Bíblia, com a intenção de escrever coisas úteis para todo o povo cristão".

A obra maior e mais famosa é constituída dos Sermões dominicais ou Opus Evangeliorum, como a definiu o próprio Santo. Não sabemos com certeza quando teria começado a compô-la; conforme indicam as fontes, é certo que em 1229, em Pádua, já se dedicava a ela, terminando-a no ano seguinte. No prólogo ele nos faz saber ter sido induzido e até mesmo derrotado (*devictus*) pela insistência dos confrades, que desejavam dele um trabalho útil para o ensino e para a pregação. Eis as palavras com que ele mesmo conclui a sua obra que deve ter custado para ele muitíssimas fadigas: "Ó caríssimos confrades, eu, o mais pequenino entre vós todos, vosso irmão e servo Antônio, para consolação vossa, para a edificação dos fiéis, para a remissão dos meus pecados, consegui compor como possível me foi esta obra sobre os evangelhos. Pelo que vos peço que ao lerdes estas páginas, ofereçais a Deus a minha lembrança, irmão vosso...".

Estas obras são complexas e vigorosas. Nelas o Autor demonstra pleno domínio de pensamento e de expressão. Quem está acostumado a escrever conclui que elas não são um produto de um principiante, mas de um escritor maduro. Certamente precederam-nas umas tantas tentativas e experiências, para temperar o talento e a mão. Houve um tempo em que se chegou a atribuir a Santo Antônio a lavra de uma excelente coleção de comentários aos Salmos, mas presentemente esta opinião não vale mais. Atentas pesquisas (e serão muitas ainda as possíveis surpresas nas bibliotecas da Europa) poderão, quem sabe, encontrar outros frutos de sua atividade literária: num talento tão ardoroso, o amor ao estudo e as necessidades do ensino não puderam caminhar separados da paixão de escrever.

Que não engane a ninguém o título de "Sermões". Não se trata de uma coleta de pregações do tipo, para que nos entendamos, de um Bossuet ou de um São Bernardino de Sena. Não se trata de prédicas belas e prontas para serem apresentadas tais quais ao auditório ou para ler às soltas. São, isto sim, um repertório de esquemas, apontamentos, sugestões, aplicações, oferecidas particularmente ao sacerdote que deseje melhorar a sua preparação para o árduo ministério da palavra divina. É todo um recorrer e um responder de passagens bíblicas, interpretadas segundo a exegese medieval e aplicadas ao estudo da verdade, à elevação moral e ao exercício da perfeição cristã.

A obra, além de ser mina de saber teológico, é um livro de meditação litúrgica e de piedade, vibrante de entusiasmo pelo ideal evangélico e adornado de numerosas preces, intensas e estimulantes como os *oremos* do Missal, autênticas pérolas!

A primeira leitura como que nos desorienta, nos deixa como que perdidos numa selva de frases escriturísticas, de citações patrísticas, de subdivisões, de etimologias, de fantasiosas descrições dos fenômenos naturais, um verdadeiro labirinto para um não iniciado, que pode acabar tomado de um senso de enojado cansaço. Não é pois uma obra de fácil abordagem nem de amena leitura. Para bem entender e saborear e tirar proveito destas páginas, requer-se a releitura calma, um esforço de identificar-se com o escritor. Não seria uma estupidez pretender que um homem do século XIII não seja filho do seu tempo, co-dividindo com ele as referências culturais, os meios de expressão, a mentalidade típica, e digamos também, os vezos e as fraquezas? Se não queremos falsificar um autor do passado, então devemos entrar no seu mundo, co-dividir a sua linguagem, fazer-nos seus familiares: assim, fazendo-nos contemporâneos dele, acabamos fazendo-o nosso contemporâneo.

Santo Antônio é dono de um belo latim, enxuto, rápido, incisivo, robusto. Se é verdade que o estilo é o homem, temos aqui uma fonte de incomparável valor para penetrar na mente do nosso Santo. Lá escutamos o eco da sua voz apaixonada e inconfundível, vemos ainda agitarem-se as suas ânsias e batalhas, as suas mágoas e os seus ímpetos, a sua compaixão pelos sofredores e transviados, a sua nostalgia pelo céu. É verdade, sim, que o estilo é o homem, mas na medida em que estejamos de fato diante de um grande livro; pois um grande livro é feito à imagem e semelhança do seu autor: é automaticamente biográfico, não porque exponha os fatos exteriores, mas porque revela a substância e a história de uma alma.

Dissemos que o nosso século recolocou em plena luz os méritos intelectuais de Santo Antônio, uma das personalidades mais representativas da primeira metade do século

XIII. Verdadeiramente, no quase inacessível mundo dos doutos, a fama de sua sabedoria jamais estivera tão baixa; os seus livros (autênticos, dúbios ou espúrios) conheceram uma relativa boa sorte entre os cultores de ciências sagradas. Fazendo eco ao elogio de Gregório IX e ao coro ininterrupto dos seus admiradores, Pio XII sigilou solenemente esta tradição proclamando Santo Antônio Doutor da Igreja aos 16 de janeiro de 1946.

Os discípulos santos

O fogo espalha calor e luz em torno de si: é a lei da natureza, válida também no mundo do espírito. Quem se eleva na perfeição moral, eleva o seu ambiente: quem sobe atrai os outros. Santo Antônio, que não obstante se julgava um cristão indigno e muito longe do ideal evangélico, comunicou a todos os que dele se aproximaram, mas especialmente aos íntimos, o ardor que o queimava, os seus anseios pelo heroísmo, a sua alegria de uma alma mergulhada em Deus. A história nos transmite o nome de dois discípulos, que o exemplo de Antônio atraiu para os caminhos da santidade: o beato Lucas e a beata Helena. Detenhamo-nos brevemente sobre estes frutos admiráveis do apostolado antoniano. A glória do mestre são os discípulos, nos quais se espelha e sobrevive.

Imitando a humildade do seu grande amigo, frei Lucas cercou a sua própria existência e os seus feitos de um aura de silêncio e esquecimento. Alguma rara notícia desenterrada dos velhos arquivos da cidade, alguma lembrança significativa conservada através dos séculos no convento que ele santificou com a sua bem longa permanência: é tudo o que conhecemos sobre ele.

Ele nasceu em Pádua, entre 1200 e 1210 e pertenceria à rica família dos Belludi, segundo tradição ainda não bem fundada. Corria o ano de 1220, sendo Lucas talvez um adolescente, ao retornar da sua viagem à Terra Santa, São Francisco se deteve em Pádua, para fundar, ou, quem sabe, somente para visitar, na periferia da cidade, dois humildes conventinhos da sua jovem Ordem, um habitado pelos frades e outro pelas clarissas. Sete anos mais tarde, Pádua recebe outra visita, agora mais memorável: a de Santo Antônio. Mas somente no ano de 1230 ocorre o encontro de Lucas, já franciscano, com frei Antônio. Daquele momento em diante os dois são um só coração, uma só alma, duas chamas do mesmo fogo. O Santo descobre com alegria que tesouro estava fechado na alma generosa e esquiva de Lucas e o Beato compreende logo que figura extraordinária, redundante de sabedoria e santidade, de fortaleza impávida e de paterna suavidade, era Antônio. Assim se desabrocha entre os dois homens uma amizade indissolúvel e santa, uma confidência recíproca admirável. Foi então que Lucas ganhou um apelido: será, na vida e na morte, "Lucas de Santo Antônio", o "socius", ou seja, o companheiro inseparável do Taumaturgo.

De saúde precária, Antônio, de resto, tem necessidade de alguém que o acompanhe nos trabalhos apostólicos mais difíceis e prostrantes. Uma vez — é um antigo cronista que o conta — Antônio tentou fugir ao entusiasmo da multidão à qual acabava de pregar. Estava a seu lado frei Lucas, "homem famoso pela sua bondade". Acontece que enquanto caminhavam por um caminho afastado, vem ao encontro deles uma pobre mãe trazendo nos braços um menino gravemente enfermo. Santo Antônio, inspirado na humildade, tenta livrar-se da pobrezinha, que insiste atrás dele suplicante. Mas, pouco depois, vencido pelos apelos do seu companheiro, se enternece e cura o pequeno doente.

Juntos eles combatem as batalhas de Deus, juntos sofrem e se alegram, e sobretudo pregam juntos. Sobre o seu mestre atestará frei Lucas: "Era verdadeiramente um homem de grande oração". E num abafado crepúsculo de verão o Santo morreria nos seus braços.

Frei Lucas viveu longos e longos dias. A nobre senhora Alice de Manto, no seu testamento lavrado no dia 9 de junho de 1285, deixa "a frei Lucas, companheiro de Santo Antônio, quatro liras vênetas para uma túnica". Como deveria estar todo estragado o burel vestido pelo octogenário franciscano, a ponto de levar a piedosa benfeitora a sentir-se no dever de providenciar outro! Depois daquela data, o silêncio mais cerrado o envolve. Pacificador de desavenças familiares, pregador eficaz, iluminado conselheiro de almas, exemplo de vida evangélica, ele desce à tumba chorado por todos, paduanos e religiosos, que viam nele o herdeiro espiritual de Santo Antônio. A sua sepultura tornou-se um altar venerado. Com vários séculos de antecedência os artistas o coroaram com a auréola dos santos, embora somente em 1927, o Pontífice Pio XI viesse a confirmar o culto que lhe vinha sendo prestado.

Helena Enselmini é outra santa criatura que a Providência quis confiar ao nosso Santo. A história foi gentil para com esta jovem senhora, que pertencia a uma das famílias mais poderosas e turbulentas de Pádua, deixando-nos discreta messe de documentos. Ela não se demorou muito nesta terra: apenas vinte e quatro anos, mas suficientes para amadurecê-la na santidade.

Nasceu em 1207 e, tendo apenas treze anos, reveste-se do hábito cinzento das filhas de Santa Clara de Assis no mosteiro de Arcela. Os parentes se indignaram, a vida que abraçava era por demais austera e sua idade ainda tão tenra. Todavia, nem as lágrimas da mãe, nem a perspectiva de sacrifício, nem seus verdes anos conseguem fazê-la voltar atrás. Recebera com o sangue o ser resoluta e desprezar o perigo. Pouco lhe importa não ser compreendida pelo mundo e talvez até perseguida, desprezada como sendo uma rapariga obstinada e fanática. Assim o mundo sempre tratou e continua a tratar aqueles que se desligam dele, não levando a sério as suas promessas e seduções. Helena olhava para frente e para o alto: — Que queres de mim, Senhor?

Não era pouco o que Cristo lhe pedia. Queria uma vítima pura e mansa, que expiasse na sua carne os pecados do mundo. A adolescente tinha plena consciência de que não encontraria rosas e flores ao cingir-se do cordão franciscano. O mosteiro era acanhado, no inverno o frio a enrijecia, a alimentação era a conveniente a mendicantes, severos os jejuns e as penitências. Todas as noites tinha que sacudir o agressivo sono da juventude a fim de descer com as irmãs para cantar os louvores de Deus. No pequeno recinto reinava o silêncio, que somente podia ser interrompido para perguntar o indispensável: sobre alguma coisa, uma informação, e mesmo assim em voz bem baixinha.

O tempo que não era tomado pelas orações, tinha de ser aplicado ao trabalho. A comunidade vivia com o fruto do seu trabalho. Helena costurava, bordava, żelava pela limpeza da casa, cuidava das irmãs doentes, ensinava a ler as não iniciadas nos mistérios do alfabeto... É fácil entender que um tal gênero de vida não é ideal para alguém se manter com boa saúde e ainda pior para um organismo na idade do desenvolvimento. Como se não bastassem as mortificações impostas pela regra, Helena acrescenta por conta própria outras austeridades que acabaram por arruiná-la. Aos vinte e dois anos, uma gravíssima doença a prende no enxergão. Foram quinze meses de sofrimentos atrozes, entre espasmos e febres. Os cronistas nada nos informam sobre o mal que a atacou. É bem possível que em vista dos conhecimentos bem precários que estagnavam então a medicina, nem tiveram como individuar a natureza da cruel enfermidade que levou Helena à sepultura.

As irmãs, aflitas em vista da prova que golpeava a sua jovem companheira, cercaram-na de afeto e cuidados, na medida permitida pela sua forma de vida na pobreza. Separado, mas ao lado do mosteiro das clarissas, estava o conventinho dos franciscanos. Naquele tempo, periodicamente, Santo Antônio lá passava alguns dias. No triênio de 1227 a 1230, quando exerceu o cargo de ministro provincial, por direito, ele era também o superior das monjas clarissas e portanto o responsável pela assistência religiosa a elas. Sabemos que Antônio, num gesto ascético que agora nos maravilha, mas que encontra sua exata correspondência no comportamento de São Francisco mesmo, jamais se deixou ver pelas clarissas. Mas, bastava a certeza da sua presença vizinha, o eco da sua pregação, a fragrância das suas virtudes, para que elas se sentissem realmente confortadas. Ao saber que Helena estava gravemente e incuravelmente enferma, o Santo lhe terá assegurado as suas preces, ter-lhe-á enviado palavras de consolo e de bênçãos. Terá recomendado às orações dela os corações endurecidos, as suas próprias peregrinações missionárias naquele mundo mergulhado no ódio e sem paz.

Bem depressa, porém, ela deveria renunciar também a este alento de sua alma. A poucos passos de distância, no seu leito de dores, aos 13 de junho de 1231, Santo Antônio dorme no Senhor. No auge do verão, a doença de Helena piora perigosamente. Ela fica cega e perde o uso da palavra, embora conservando-se lúcida. E ainda mais, não obstante as insistências das irmãs e esforços de toda ordem, o seu organismo rejeita qualquer alimento, qualquer bebida. Todavia, uma força misteriosa a mantém viva pelo espaço de três meses. As provas que se acavalam umas sobre as outras sem descanso, não conseguem perturbar a sua serenidade, até mesmo, diríamos, a sua radiosa letícia.

Os homens podem abandonar: Deus não abandona. Helena experimenta como nunca, a ternura com que Deus cerca aqueles que se imolam por seu amor. A enferma passa a ser visitada por visões celestes estupendas e freqüentes. Um dia apareceu-lhe também Santo Antônio. Com um sistema engenhoso, a força de gestos, Helena consegue revelar às irmãs as coisas sobre-humanas de que participa. Helena escuta um Serafim repetir: "Rogai pela Igreja de Deus, batida entre grandíssimos vagalhões".

Freqüentemente as visões a deixam prostrada: os sofrimentos das almas do purgatório, a aluvião do pecado do mundo, os horrores do inferno... Mas isto a estimula também a padecer com amor mais consciente, a oferecer-se sem lamentos.

O cálice de amargura foi sorvido até à última gota com heróica firmeza. Aos 4 de novembro de 1231, a nem sequer cinco meses de distância do seu Santo, a irmã Morte transpõe a pobre porta. Sobre o corpo martirizado de Helena a decomposição não teve vez. Até hoje é possível vê-lo incorrupto na sua urna, no santuário antoniano d'Arcela. Este fato prodigioso unido aos milagres que logo brotaram junto à sua sepultura, tornaram-na cara aos paduanos; o mosteiro onde decorreu sua breve existência feita toda de juventude recebeu o seu nome. Em muitos documentos pontifícios freqüentemente lhe vem atribuído o título de "Santa" ou "Beata". Mas somente em 1695 o papa Inocêncio XII a enumera oficialmente entre os Beatos. Flor gentil, nascida num mundo envenenado de orgulho e de homicídio, Helena se destaca como uma das figuras mais suaves da Igreja paduana e da família seráfica.

A sepultura gloriosa

Poucas exceções à parte, no final das contas, podemos concluir que Santo Antônio não teve muita sorte entre os poetas e cronistas. Se deixamos de lado o belo ofício rítmico em latim[7], composto e musicado por

7. Com muita satisfação podemos "degustar" algumas rimas em nosso vernáculo. Eis o Hino da Oração da Tarde: Santo Antônio de Lisboa/ eis que teu nome ressoa,/ corre o mundo a tua fama./ De Lisboa te chamamos,/ mas atrás logo

frei Juliano de Spira, mestre de capela do rei São Luís e algumas breves composições líricas, podemos dizer que até o presente a poesia tem sido avara com Santo Antônio. Ele não teve o que tiveram São Francisco e o acima citado São Luís rei de França, ou seja, um Tomás de Celano e um Joinville, que transmitissem aos pósteros um relato tão sereno e belo de seus feitos.

Todavia, ele teve todo tempo grande sorte entre os artistas. A sua Basílica é uma das obras-primas da arquitetura italiana do século XIII, entre o românico que morria e o gótico que nascia. O gênio desconhecido que a ideou, tinha sob seus olhos a majestade das cúpulas de São Marcos, como que velas infladas pelo vento salgado do Adriático; tinha sob seus olhos o estupor causado pela descoberta das catedrais francesas, tão audaciosas no seu impulso ascensional. Na Basílica antoniana ele soube fundir

---

voltamos/ quando Pádua te reclama. * Para ouvir-te as aves descem/ e os próprios peixes esquecem/ o seu líquido elemento;/ os hereges, convertidos,/ são agora todo ouvidos,/ cada qual é mais atento. * Pregas numa e outra cidade/ numa só festividade/ em sutil bilocação;/ impedida de ir à igreja,/ a devota que o deseja,/ ouve em casa o teu sermão. * Levantando o Sacramento/ ajoelha-se o jumento/ em sinal de adoração./ E na arca do avarento,/ que morreu, ainda sangrento,/ vais buscar-lhe o coração. * Protetor dos namorados, * também leves aos casados/ as lições de um santo amor./ E apresentes à Trindade,/ que louvamos na unidade,/ nosso canto de louvor.

admiravelmente pujança e sutileza, entrelaçando estes dois motivos em si tão diversos e adversos num grande coral.

A Basílica começou a surgir na manhã seguinte à canonização do Santo. Ele mal acabara de descer à tumba, multidões de peregrinos começaram a chegar. A pequenina Santa Maria logo se revelou insuficiente. A única solução era construir um templo capaz de absorver o movimento. Os trabalhos se estenderam por uns setenta anos, envolvendo três gerações que se alternaram na criação daquela massa soberana, aportando mudanças, talvez até revoluções ao projeto original. Em 1263, data memorável por causa do encontro da língua de Santo Antônio, milagrosamente incorrupta, quando também foi aberta ao público a primeira parte do edifício (ou a sua primeira construção?).

Aquela língua que sempre louvara ao Senhor e ensinara o seu louvor aos cristãos, ainda hoje está conservada num esplêndido relicário executado por Juliano de Florença, discípulo de Ghiberti[8]. Outras obras-primas de ourivesaria sobretudo dos 4º e 5º séculos, guardam as muitas relíquias antonianas, recolhidas na cenográfica e suntuosa capela do Tesouro.

---

8. Sabemos que este precioso relicário, infelizmente, foi roubado.

O coração da Basílica é a capela em que se ergue a sepultura do Santo[9]. De formas do renascimento, ela foi feita nos primeiros trinta anos do século XVI, obra de um mestre lombardo, João Minello, e um grupo de colaboradores. Foi terminada por Falconetto. Nela se encontram engastados nove alto-relevos de mármore que se constituem entre os mais significativos produtos da escola vêneta daquele século glorioso.

Na escola do Santo, contígua à Basílica, em 1511, Ticiano deixou em afresco três milagres de Santo Antônio, de um colorido opulento e vivificados pelo seu talento dramático.

Mas, o maior artista que tenha trabalhado na Basílica vem a ser Donatello, autor do altar-mor, mais tarde, infelizmente, demolido por exigências litúrgicas. Intactos e de imperecível beleza são as estátuas e os relevos em bronze que o enriqueceram. Os quatro painéis evocam os milagres do

---

9. No dia 6 de janeiro de 1981, os restos de SA passaram por rigorosíssima comissão de reconhecimento. Em datas diferentes, enfrentaram idêntico processo os espólios de São Francisco e de Santa Clara, todos aliás, contemporâneos. De SA restaram o crânio, cabelos, ossos grandes e pequenos bem como o hábito. Ele teria 1,68 m de altura. Crânio revela rosto de aparência nobre, nariz aquilino. Abaixo do joelho, as tíbias mais grossas, confirmam o homem de oração, ajoelhado. Exame anatômico revela o homem sempre a caminho, evangelizando. O órgão fonador também conservado (*SA Vida e Doutrina*, Hardick, Vozes).

usurário e da mula, do jovem que se amputa os pés e do neonato que fala, constituem a homenagem mais alta que a escultura tenha elevado para a glória de Santo Antônio.

Venerado em todo o mundo, o Santo mais popular do catolicismo inspirou obras de arte em toda parte: de Cosme Tura a Paulo Veronese, de Moretto a Romanino, de Murillo a Tiepolo, de Rubens a Sansovino, a lista não tem fim, se quiséramos enumerar os pincéis e os cinzéis que para ele trabalharam.

A música também deu a sua presença: compositores de suma expressão, como Palestrina, e músicos de pouca pretensão, quem poderia enumerar todos estes artistas que ofereceram alguma fagulha do seu gênio e engenho ao nosso Santo?

Todavia, o que mais comove mesmo é o afeto inexaurível dos devotos, é a bondade afetuosa do Taumaturgo que se inclina sobre toda dor e sobre qualquer necessidade.

Ele ainda está vivo no meio de nós. Sobre isto, bem vale uma consideração sobre a palavra latina *defunto*: homem que não atua mais, não consegue mais trabalhar, fazer, trazer sua contribuição. Para os antigos latinos, vida equivalia a ação; não poder mais agir significava estar mortos. Neste sentido, Santo Antônio jamais foi um *defunto*. Por um mistério que somente em Deus poderemos conhecer, a sua morte foi início de uma nova atividade. Não o encontramos mais em nossos caminhos, não ouvimos mais o som claro de sua voz dominadora, e mesmo assim ele continua a viver intensamente.

Seu campo de ação não é mais uma cidade, um vilarejo, uma região, uma ordem religiosa, uma época determinada: todo o mundo é seu campo de ação e todas as épocas são agora a sua época.

Santo Antônio vive nos seus escritos, patrimônio de sabedoria, ao qual recorrem teólogos e pregadores, mestres de vida cristã e estudiosos.

Ele vive nas suas iniciativas de ciência sagrada: porque foi a raiz desses estudos na Ordem seráfica, e nenhum franciscano pode esquecer o que deve ao pioneiro da sua escola teológica.

Vive nos seus exemplos de santidade que suas biografias nos transmitem. Por meio delas podemos nos avizinhar de sua vida interior, aprendendo com ele a ser vigorosos e suaves, leais e sacrificados, sabendo que não apenas nos precedeu no caminho de Deus, mas também nos acompanha com a luz do seu exemplo.

Vive sobretudo no coração humilde e confiante dos seus devotos, simplesmente inumeráveis, aos quais inspira grandes gestos de bondade, nos quais penetra com sua fé alegre, e com a sua esperança e o seu amor inextinguíveis.

SANTO ANTÔNIO, O SANTO DO BRASIL INTEIRO

Frei Antônio de Santa Maria Jaboatão, escrevendo sobre o Brasil dos primórdios, afirma que, nas igrejas e capelas, não era raro encontrar mais de uma imagem do Santo no mesmo altar... e que cada família fazia questão de ter o "seu" SA! (*Santo Antônio no Brasil*, Röwer).

Em 1942, escreve frei Röwer, o Brasil tinha 705 Agências dos Correios, com o nome do Santo, mas a "nosso" modo: SA da Roça Grande, da Casa de Sapé etc.

Eu mesmo, que elaboro estas notas, me encontro na cidade de Santo Antônio do Guaratinguetá, com sua vetusta e sempre renovada Matriz dedicada ao Santo, sua grande festa, suas devoções, e sobretudo, o maior orgulho da igreja local, seu frei Antônio de Sant'Ana Galvão, cujo processo de beatificação amadurece esperançosamente. Ele realmente pertenceu a uma família que não apenas tinha imagens de santos e santas como sant'Ana e santo Antônio, mas, guiada pelo Espírito Santo, sabia fazer dos heróis da nossa fé autênticos modelos de vida católica.

O pai, português, pertencia à Ordem Franciscana Secular, antiga Ordem Terceira, e a mãe, tinha nas veias sangue de caciques (*Vida de Frei Galvão*, Fr. C. Surian, OFM, Ed. Santuário, Aparecida, SP). Frei Galvão nasceu em 1739 e faleceu em São Paulo em 1822. Faleceu velhinho no Mosteiro da Luz, por ele construído, mas habitualmente residia no Convento de São Francisco.

Pelos anos de 1936-37, como coroinha do mesmo Convento de São Francisco, sob a coordenação de frei Celso Dreiling, OFM, participei da tarefa de contar as pessoas que estavam na igreja numa *terça-feira* comum de devoção ao Santo: em torno de 13 mil pessoas!

Resumindo as pesquisas de Röwer, vejamos como SA até como que forçou as coisas para caminhar com os brasileiros:

1595 — Esquadra calvinista francesa saqueia o castelo de Arguim, português, na costa atlântica africana. Para derrisão, levam junto uma estátua de SA, para o Santo "guiá-los à Bahia" — debochavam. Durante a travessia, ocorreram desgraças e mais desgraças. Restou um só navio: o da imagem. Resolveram entregar-se aos portugueses e lançar SA ao mar. Presos, caminhando por uma praia, deparam com SA de pé no meio da areia... Tomando conhecimento dos fatos, a Câmara da Bahia mandou buscar SA processionalmente e ele foi declarado padroeiro da cidade. Na construção do atual convento, a imagem foi substituída, mas a procissão perdurou por uns dois séculos.

1621 — O convento de SA — Rio, estava em fase final de construção. Faltava uma imagem conveniente para o altar-mor. Um religioso a modelara todinha, mas não acertava com a cabeça do Santo. Um dia, a comunidade no refeitório, chamou o sino da portaria... Ninguém!... Mas foi encontrado um pacote, no chão: era a cabeça bem talhada de um frade... Todos pensaram na imagem inacabada... Combinou realmente!... Hoje é outra a imagem do altar-mor, mas a da cabeça milagrosa continua no convento.

1640 — Naus holandesas se preparavam para assaltar a ilha de Boipeba -BA. Os habitantes válidos para o combate se reuniram na igreja, pedindo a proteção de SA. Súbito, o inimigo foge inexplicavelmente!... Retornando à igreja, que fora trancada pelo Vigário, encontram a imagem de SA como que prostrada aos pés do Crucificado!

1646 — Pernambuco: 15 anos de domínio holandês. O general Fernandes Vieira e amigos resolveram botar um fim a tão humilhante dominação. Ele mantinha no seu engenho uma capela dedicada a SA. O sacristão a vigiava dia e noite. Mas a porta freqüentemente era encontrada aberta. Outros ajudaram-no a vigiar. Mas a porta voltava a abrir-se. O dono foi avisado e colocou nela o seu selo. Não adiantou: ela voltava a abrir-se, porém, respeitando o selo. Interpretaram então inteligentemente: o Santo avisa que inimigo vai atacar, abandonem suas casas! De fato, os holandeses queriam mesmo a cabeça do general. Atacaram na noite de 12 a 13 de junho... Decepção total para eles!

1710 — Rio de Janeiro: aos 10 de maio, a esquadra francesa tenta de novo invadir o Brasil, agora mais ousadamente, pelo Rio. A Fortaleza de Santa Cruz repele os invasores. Mas a tripulação conseguiu desembarcar em Guaratiba, renovando o ataque por terra. O Governador Francisco de Castro Morais mobilizou as poucas forças que tinha e pediu aos frades do Convento que todas as Missas do dia 19 de setembro fossem pelo feliz êxito de suas armas. E mais: enviou à imagem do Santo a Patente de Capitão de Infantaria, pedindo que a mesma fosse colocada sobre a muralha, para ser o General da batalha. Resultado: os franceses foram totalmente desbaratados naquele mesmo dia!

SA MILITAR — Resumindo suas pesquisas e as de J. C. de Macedo Soares, bem como Laurêncio Lago, Röwer demonstra como no tempo do Império SA recebeu em torno de 15 promoções militares, desde soldado raso a

Coronel dos Regimentos da Capitania de São Paulo. Os Estados que lhe deram tais honras (por merecimento e com respectivo soldo!) foram: Paraíba, Pernambuco, Bahia, Espírito Santo, Minas Gerais, Rio de Janeiro, São Paulo e Goiás.

SA NOS VERSINHOS POPULARES — Frei Ildefonso, já referido, citando Plenz: "A devoção popular às vezes apela para a violência, tentando forçar SA, com gestos de cunho supersticioso, como pendurar a imagem do Santo de cabeça para baixo, expô-la à chuva, metê-la num poço, esbofeteá-la e, quando viável, arrancar dos braços do Santo impassível, o menino Jesus. De trovas de Fagundes Varella, destacamos os versos: Bem sei, criança estouvada/ Que por artes do demônio/ Furtaste a noite passada/ O filho de Santo Antônio/ E sem medo, sem piedade/ Cheia de um ímpio alvoroço/ O mimo do pobre frade/ Correste a esconder no poço". Baste apenas este exemplar da rica coleção.

DEVOCIONÁRIO

São realmente abundantes as formas de devoção popular ao querido "santo do mundo inteiro". Para o leitor interessado recomendamos:

Trezena de Santo Antônio. Convento de São Francisco, C.P. 5.650, 01061-970, São Paulo, SP. Deste livrete extraímos algum material ou informações.

A TREZENA DE SANTO ANTÔNIO — Bolonha — Itália. Corria o ano de 1616. Um piedoso casal, após longa vida matrimonial, lamentava não ter filhos. A esposa, porém, clamava e reclamava aos pés do Santo no altar da igreja franciscana da cidade. Eis que SA lhe aparece, recomendando-lhe orar naquele local durante nove terças-feiras. É de lembrar que o Santo morrera numa terça-feira com aquela explosão de milagres na sua sepultura. Ela foi atendida e a novena se espalhou. Mais tarde, reverenciando o 13 de junho, dia da morte de SA, nasceu a trezena. O Papa Leão XIII, franciscano secular, a aprovou (*SA Íntimo*, Isidoro O'Brien, OFM, Vozes).

O BREVE DE SA — também Bênção ou Exorcismo — Lisboa. Século treze. Mulher desesperada tentada a lançar-se às águas do Tejo. Passando pela igreja dos franciscanos, lembra-se que era a festa do Santo e entra para uma última oração. Cai em transe: vê SA junto dela dizendo-lhe: "Levantai-vos, mulher, e tomai este papel, que vos livrará das vexações do Maligno". Voltando a si, notou que de fato tinha um pergaminho nas mãos, com as seguintes palavras do Apocalipse (5,5): *"Ecce Crucem Domini: fugite partes adversae! Vicit Leo de tribu Juda, Radi David. Alleluia, Alleluia!"* — Tradução: *"Eis a Cruz do Senhor; fugi, potências hostis! Venceu o Leão da tribo de Judá, a Raiz de Davi, que é o Cristo, Senhor, Aleluia, Aleluia!"* — A mulher não foi mais molestada e o marido, agradecido, divulgou a devoção... (frei Isidoro).

Normalmente, ao lado desta bênção, em forma de exorcismo, os sacerdotes se utilizam de outros textos de bênçãos.

RESPONSÓRIO DE SA — Qual a sua história? Em 1263, "terminaram" as obras da grandiosa Basílica do Santo em Pádua. As cerimônias para a transladação dos restos do Taumaturgo foram em grande estilo. São Boaventura, Ministro Geral da Ordem e dos primeiros sucessores de São Francisco, foi de

Roma a Pádua para celebração tão magna. Sob os olhares atentos e piedosos dos devotos, foi aberta a tumba de SA. Talvez para decepção de muitos, logo ficou evidente que a carne voltara ao pó! Todavia, olhares mais atentos acompanhando pesquisa mais detalhada, acabaram descobrindo que a língua do Santo se encontrava intacta! Então, comovido e movido pelo Espírito Santo, frei Boaventura pronunciou a chamada "Antífona de São Boaventura", seguida do "Responsório Milagroso", composto por Julião Speyer, que morreu por 1250.

Há várias versões deste *Responsório*. Frei Ildefonso, por exemplo, acha que a estrofe sobre "namoro" não constava do Breviário antes de 1250. Quem elabora estas notas, toma a seguinte decisão: transcreve todo o Hino da Oração da Manhã do *Próprio da Família Franciscana do Brasil*, sublinhando a estrofe que tradicionalmente serve de estribilho e assinalando com *a estrofe que não ocorre no responsório tradicional:

Antífona

Ó bendita língua que nunca cessaste de louvar a Deus e ensinaste os outros a bendizê-lo, manifesto é agora como és preciosa aos olhos do Senhor!

Responsório

Contra os males do demônio
quem milagres quer achar
busque logo Santo Antônio,
que hoje vamos celebrar.

Sempre atende as nossas preces,
ao doente torna são,
e vencendo as injustiças,
tira o preso da prisão.

*As famílias abençoa,
protegendo o casto amor;
se de Pádua foi a glória,
de toda a Igreja é doutor.

Pois atende a todo mundo,
não vê tempo nem lugar;
leva o pão a quem tem fome,
o perdido faz achar.

Não há santo mais humano,
nem mais próximo de nós;
lisboeta ou paduano,
sempre escuta a nossa voz.

Demos glória ao Pai e ao Filho,
ao Paráclito também;
em Antônio e em Francisco,
nos saudemos: "Paz e Bem!"

O PÃO DOS POBRES DE SA — Há histórias pretendendo estar nas origens desta devoção, como a daquela mãe que perdeu a filhinha num terrível desastre. Numa aflitíssima oração ela rogou a intercessão de SA, prometendo dar aos pobres, em pães, a quantidade relativa ao peso da menina, caso a mesma retornasse à vida. O que veio a acontecer. O autor destas linhas, que durante uns 3 anos serviu na portaria do Convento de São Francisco-SP, testemunhou inúmeros casos semelhantes. Quase que diariamente os frades distribuíam pão aos pobres. Uma vez por mês, sacolas de mantimentos para umas 800 famílias... E no dia de Santo Antônio, a quase "monstruosa" distribuição do "pão bento de SA" fielmente procurada por multidões de devotos. (No fundo se deseja que, por mediação do santo, todos descubram, como SA, que Cristo é o verdadeiro e único "Pão Vivo descido do céu!" (Jo 6).) Esta devoção é muito espalhada no mundo católico, graças a Deus. E combina admiravelmente com a pregação e os exemplos do Taumaturgo.

A PIA UNIÃO DE SANTO ANTÔNIO — Trata-se de dar um mínimo de organização e postura jurídica aos grupos que desejem manter e fomentar a devoção a SA e o devido atendimento aos pobres. Cada Pia União é independente. Informações no endereço indicado para a "trezena".

LETRA PARA PROCISSÃO com treze paradas solenizadas.

Estribilho: Santo Antônio, grande Santo,/ tua vida é nossa luz;/ luz que inspira o nosso canto/ e nos guia até Jesus.

1. Santo Antônio, que em Lisboa,/ foste a flor de um lar cristão,/ nossos lares abençoa,/ dá-lhes tua proteção.

2. Teu vestido batismal,/ preservando imaculado,/ nos ensinas que o ideal/ é viver sem ter pecado.

3. Moço e cheio de virtude,/ todo a Deus te consagraste;/ Santo Antônio, à juventude/ mostra a senda que trilhaste.

4. Jovem frade franciscano,/ foste à África, ao martírio;/ que lição para o mundano,/ dos prazeres no delírio.

5. Deus não quis teu sangue ardente,/ para a Itália te levou;/ foste humilde e obediente,/ e o Senhor te premiou.

6. Grande em ciência e santidade,/ a ninguém te revelaste./ Oh! com nossa vaidade/ Santo Antônio, que contraste!

7. Tua luz enfim brilhou/ para o mundo pecador./ Desde então jamais faltou,/ para as almas teu amor.

8. Grande amigo da pobreza,/ foste um anjo de bondade;/ nossa única riqueza,/ seja o amor e a caridade.

9. Teus milagres, tão grandiosos,/ quantas dores aliviaram;/ não te esqueças dos que ansiosos / teus favores imploraram.

10. Quer na Itália, quer na França,/ combateste por Jesus./ Oh! que à tua semelhança / batalhemos pela Cruz!

11. Enfrentando o vil demônio,/ triunfaste com Maria./ Roga à Virgem, Santo Antônio,/ nos proteja cada dia.

12. Em teus braços Deus menino / descansava satisfeito./ Que Jesus, no Pão Divino,/ viva sempre em nosso peito!

13. Foi em Pádua que a Irmã Morte/ deu-te a palma da vitória./ Para termos tua sorte,/ vem guiar-nos para a glória!

A BÊNÇÃO DE SA PARA NAMORADOS — (Sugestão do Tradutor)

Acolhimento aos jovens. Dirigir-lhes mais ou menos a seguinte mensagem:

Fazendo de conta que Santo Antônio mesmo esteja pregando para vocês... Conforme a Bíblia, desde sempre, Deus amou o HOMEM como sua imagem e semelhança. No amoroso projeto dele, a criação toda seria pura ternura divina, preparando o berço onde o H. deveria nascer. A mãe-terra daria alimentos e alegrias sem conta aos seres animados. Adão seria criado da mãe-terra-feita-barro, para ser ele o rei da criação e transformá-la, pelo trabalho, num jardim de delícias para os filhos dos homens e a glória do Criador!

Eva seria criada, não do barro da terra, mas da costela de Adão, ou seja, daquela existencial carência de companhia ao nível do HOMEM, imagem e semelhança de Deus. Isto quer dizer que Eva foi criada para, junto com Adão, viverem na terra um modelo de AMOR à imagem e semelhança de Deus! Ou seja: um amor sempre presente, incansável em renovar-se, sempre novidade; infinitamente rico, paciente, pronto para o perdão, sempre fiel, fidelíssimo!...

Assim unidos, A e E participariam do Amor Criador de Deus: "Crescei e multiplicai!..."(Ef 1,1-14; Gn 1 e 2; Ef 5).

V. O nosso auxílio está no nome do Senhor.

R. Que fez o céu e a terra.

V. Rogai por nós, Santo Antônio.

R. Para que sejamos dignos das promessas de Cristo.

Bênção

O SENHOR que conhece e ilumina os corações,
Ele vos conduza para o ideal
do verdadeiro matrimônio cristão. R. Amém!
Aleluia! Aleluia!
O SENHOR que vos quer felizes e santos no vosso amor,
Ele vos ajude a buscá-lo
de coração sempre sincero e puro. R. Amém!
Aleluia! Aleluia!
O SENHOR que vos reserva grandes responsabilidades no seu Reino,
Ele una sempre mais vossos corações num amor que supere toda forma de egoísmo
e se abra para o serviço da Igreja e dos homens. R. Amém!
Aleluia! Aleluia!
(Pai-nosso — Ave-maria — Glória)

ÍNDICE